Mariam z Betlejem

SIOSTRA EMMANUEL MAILLARD

Mariam z Betlejem

Mała Arabka

© 2022 by Children of Medjugorje inc.
All rights reserved.

Wszelkie prawa zastrzeżone. Przetłumaczone przez Emilia Szeligowska.

Wszelkie prawa zastrzeżone. Żadna część niniejszej publikacji nie może być powielana, rozpowszechniana lub przekazywana w jakiejkolwiek formie lub w jakikolwiek sposób, w tym poprzez fotokopiowanie, nagrywanie lub za pomocą innych metod elektronicznych lub mechanicznych, bez uprzedniej pisemnej zgody wydawcy, z wyjątkiem krótkich cytatów zawartych w recenzjach krytycznych i niektórych innych niekomercyjnych zastosowań dozwolonych przez prawo autorskie.

Informacje dotyczące zamawiania:
Zamówienia składane przez księgarnie branżowe i hurtownie.
Prosimy o kontakt z Ingram Content pod adresem.
www.ingramcontent.com

ISBN-13: 978-1-7377881-6-4 (KSIĄŻKA W BROSZUROWEJ OPRAWIE)
ISBN-13: 978-1-7377881-7-1 (E-BOOK W FORMACIE EPUB)

10 9 8 7 6 5 4 3 2 1

Dostępne w e-booku.

Children of Medjugorje
www.childrenofmedjugorje.com

Spis treści

I. MAŁA ARABKA . . . 1

Jan Paweł II wydobył ją z cienia . . . 1
Najpierw mała anegdota . . . 2
Dziewczynka z Galilei . . . 3
Moc wstawiennictwa . . . 4
Przebite serce po raz pierwszy . . . 5
Ptaki . . . 6
Pierwsze wezwanie . . . 7
Gdy miałam 5 lat 8
Historia z rybą . . . 9
Wielki wąż . . . 10
Obietnica małżeństwa . . . 11
Zostań z nami na kolację . . . 13
Twa księga nie jest skończona . . . 14
Pyszna zupa . . . 15
Bądź zawsze zadowolona . . . 16
Sidła Złego . . . 18
Bóg puka do wielu drzwi . . . 19
Umrzesz w Betlejem . . . 20
Zakonnica zniknęła . . . 21
Służąca, o jakiej każdy marzy . . . 22
Bać się bardziej Boga niż ludzi . . . 23
Pierwsze zachwycenia . . . 24

Zostaliśmy stworzeni dla nieba ... 25
Najniebezpieczniejsze ubezpieczenia ... 27
Nie cofa się przed niczym, pokonała lęk ... 28
Odwiedziny dusz czyśćcowych ... 29
Moneta pięciofrankowa, która drogo kosztowała ... 31
Spustoszenie, jakiego dokonuje gorycz ... 32
Wspaniałe pochodzenie, wspaniałe przeznaczenie ... 33
Dlaczego niewiele dusz idzie prosto do nieba? ... 34
Mariam w Marsylii ... 36
Stygmaty ... 36
Przebicie serca ... 37
Ekstazy ... 38
Karmel w Pau ... 39
Powstanie Karmelu w Mangalore ... 39
Wewnętrzne męczeństwo ... 40
W końcu przyszło światło ... 41
Plany wyrysowane w niebie? ... 41
Wieża obronna ... 42
Jezus i Mariam współpracują przy budowie ... 44
Zostało jej niewiele czasu ... 45

II. MARIAM PROROKINI ... 47

Przyjdź, moja pociecho! ... 47
Duch Święty niczego mi nie odmawia ... 48
Nikt mi nie uwierzy ... 49
Dlaczego świat pozostaje w ciemności? ... 50
Udaremnić zasadzki szatana ... 51
Próba czterdziestodniowa ... 52

Ile dusz zakonnych zagarniamy do naszych sieci! ... 53
Ofiarować się aż do męczeństwa ... 54
Broń, którą można pokonać szatana ... 55
Odnosi zwycięstwo za zwycięstwem ... 57
Wyżyny, na których rozgrywa się wieczność ... 58
To szatan nas się boi ... 59
Pokora cieszy się wszystkim ... 60
Dwa światła zdolne rozświetlić dusze w ciemnościach ... 62
Lewitacje na szczycie lipy ... 63
Pewnego dnia następuje przełom ... 65
Serce Jezusa bije w jej piersi ... 66
Język zdradzający pochodzenie ... 67
Dawać grzesznikom nadzieję ... 68
O, gdybym miała dobre zdrowie! ... 69
"Ja" jest tym, co gubi świat ... 70
"Czytanie" w sercach ... 70
Materiał wybuchowy pod Watykanem? Wizje i proroctwa ... 71
Cierpią jak sieroty bez ojca ... 72
Liban i Jerozolima ... 73
Francjo, proś o przebaczenie! ... 74
Czułość Boga pośród garnków ... 75
Otwiera okna naszych więzień ... 76
Słowa i rady Mariam zebrane przez ojca Estrate ... 77
Do swoich sióstr w Karmelu, w czasie ekstazy ... 79

AUTOPSJA CIAŁA MARIAM ... 83
KRÓTKIE KALENDARIUM ŻYCIA MARIAM ... 85
BIBLIOGRAFIA ... 87

I. MAŁA ARABKA

Jaka to radość dawać poznawać innym Mariam z Betlejem! Nazywana była zwykle Małą Arabką, w zakonie siostrą Marią od Jezusa Ukrzyżowanego. Jan Paweł II beatyfikował ją 13 listopada 1983. Jej życie to prawdziwa epopeja. Historia zwycięstwa światła nad nocą, światła Ducha Świętego nad ciemnością świata. Wspaniałego światła, którego tak bardzo dzisiaj potrzebujemy! Mariam jest młoda, pełna wyobraźni. Przemierzyła drogi zupełnie niesłychane, choć nigdy nie nauczyła się dobrze pisać ani czytać… Mariam jest osobą poszukującą wielkich przygód i zarazem wierną w przyjaźni.

JAN PAWEŁ II WYDOBYŁ JĄ Z CIENIA

Mariam miała życie niezwykłe, pełne cudownych zdarzeń i płynącej z nich nauki, ale pozostawała w cieniu przez sto lat. Dopiero Jan Paweł II wydobył ją z zapomnienia. Teraz Kościół pozwala nam ją odkrywać, lecz dzieje się tak za cenę walki z ciemnością, walki z zapomnieniem. Przypomina to historię Siostry Faustyny Kowalskiej, pierwszej świętej kanonizowanej w trzecim tysiącleciu. Ona również, podobnie jak jej pisma, początkowo była odrzucona. Dopiero Jan Paweł II zwrócił na nią uwagę całego świata.

Trzeba nam wczytać się w życie i przesłanie Mariam z dużą uwagą, gdyż po tym długim pozostawaniu w cieniu, to co teraz się ukazuje z całą oczywistością, stanowi już pokarm dla wielu tych, którzy szukają prawdy za wszelką cenę, szczególnie młodych. I można uważać za opatrznościowy fakt, że Mariam była tak długo nieznana, jej przesłanie nabiera tym większej wagi dzisiaj.

Mówię o zwycięstwie, gdyż Mariam w ciągu swego życia musiała toczyć ciężką walkę. Otrzymała z nieba wielkie łaski do takiej walki. Często walczyła z samym szatanem. Walka duchowa jest jednym z najwyraźniejszych punktów jej nauczania.

NAJPIERW MAŁA ANEGDOTA

Odkryłam istnienie tej siostrzyczki w czasie mojego pobytu w Izraelu i natychmiast zostałam uderzona intensywnością walki duchowej, jaka była jej udziałem. W 1977 poznałam w Nazarecie ojca Jeangranda, księdza z Batharam. Był wówczas ojcem duchownym Karmelu w Nazarecie. Znał bardzo dobrze życie Mariam i niezwykle ją kochał. Było to poruszające słyszeć, w jaki sposób o niej opowiadał. Moje serce rozpierała radość, gdy go słuchałam. Pożyczył mi książkę o Mariam, piękną książkę, napisaną przez ojca Estrate, jej ojca duchowego. Ta książka, po francusku, była trudna do zdobycia. Powiedział mi: „Siostro Emmanuel, troszcz się o nią i pilnuj jak źrenicy oka!" Obiecałam, że będę na książkę bardzo uważać, po czym odjechałam samochodem i w drodze do domu zatrzymałam

I. MAŁA ARABKA

się przed piekarnią, żeby kupić chleb dla mojej wspólnoty. Wracam do samochodu... książki nie ma! Po powrocie do domu proszę jednego z braci, by pojechał ze mną na to miejsce, gdzie książka zniknęła. Jedziemy i znajdujemy ją w rowie, kompletnie zniszczoną, podartą na setki kawałków. Poczuliśmy, że ktoś rozwścieczony chciał tę książkę unicestwić, znać było, że jeździły po niej koła samochodów, zmieniając ją w nędzne strzępy, nie do odczytania.

W tym momencie odczułam wściekłość piekła nad małą Mariam i dlatego bardzo ją polubiłam. Gdy pojechałam opisać to wydarzenie ojcu Jeangrand, tłumacząc mu w jaki sposób książka uległa całkowitemu zniszczeniu, powiedział mi: „No tak, szkoda. Ale to dowodzi, siostro Emmanuel, że Mariam bardzo cię kocha! Dowodzi to również, że Nieprzyjaciel cię nienawidzi". Pożyczył mi oczywiście inny egzemplarz książki. Mnie zaś to zdarzenie upewniło, że trzeba dobrze się wsłuchać w przesłanie Małej Arabki i w to, co ma nam do powiedzenia.

DZIEWCZYNKA Z GALILEI

Historia Mariam rozpoczyna się bardzo zwyczajnie; jej rodzice, pochodzenia libańsko-syryjskiego, byli ogromnie biedni. Zamieszkiwali w małym miasteczku w Galilei, pół godziny drogi od Nazaretu, w wiosce Ebelin. Ojciec, pan Bouardi, pracował przy produkcji prochu do dynamitu. Jego nazwisko zresztą znaczy: „ten, kto robi proch". Biedni byli materialnie, natomiast bogaci duchowo, mieli silną wiarę chrześcijańską. Uczestniczyli wiernie w życiu parafii rytu grecko-katolickiego.

Państwo Bouardi mieli kolejno dwunastu synów, jednak synowie ci umierali jeden po drugim albo zaraz po urodzeniu, albo w bardzo młodym wieku. Wyobraźcie sobie tych rodziców, którzy marzyli o stworzeniu dużej chrześcijańskiej rodziny i patrzyli, jak ich dzieci umierają jedno po drugim! Była to potworna, okrutna próba. Po dwunastym zgonie postanowili nie upadać na duchu i przejść do działania: „Pójdźmy na pielgrzymkę do Betlejem! Idźmy tam, błagajmy Najświętszą Dziewicę o dziewczynkę. Pójdziemy pieszo, będziemy prosić Matkę Boga w miejscu, gdzie Ona wydała na świat Syna Bożego!"

Poszli więc do Betlejem. Modlili się żarliwie i z wiarą, ofiarowując Panu tyle wosku, ile waży nowo narodzone dziecko. Krótko potem poczęła się Mariam. Urodziła się bez problemów 5 stycznia 1846, niemal dokładnie w połowie XIX wieku.

MOC WSTAWIENNICTWA

Przy tej okazji chciałabym podkreślić, jak ważne jest, by rodzice modlili się za swoje dzieci. Zanim poczną się w łonie matki, dzieci te istnieją w zamyśle Boga. Istnieją już w Nim! Wielu rodziców jest odpowiedzialnych za to, by wyprosić te dzieci u Boga przez modlitwę, ściągając dla nich tą drogą wielkie błogosławieństwa. Sądzę, że nie ma dzieci, które nie byłyby szczególnie błogosławione, jeśli ich rodzice postarali się je zanurzyć wcześniej w Bożym błogosławieństwie.

Mała Mariam jest tutaj dobrym przykładem, ponieważ jeszcze przed poczęciem została powierzona Dziewicy Maryi. Dzisiaj tak rzadko można spotkać rodziców, którzy powierzają wcześniej swoje dzieci Panu. Wyobrażam sobie, że gdy Pan znajduje wreszcie taką małżeńską parę, jest tak szczęśliwy, że zlewa na te dzieci obfitość swego błogosławieństwa. Pan i

I. MAŁA ARABKA

jego Aniołowie prześcigają się wręcz, aby obsypywać te dzieci rozkoszami nieba. Nawet jeśli te dzieci przechodzą w życiu kryzysy, Pan zawsze pamięta o modlitwie ich rodziców.

W taki sposób, w całej historii chrześcijaństwa, widzimy przechodzenie błogosławieństw z pokolenia na pokolenie w niektórych rodzinach. Jest to też wyraźnie widoczne w historii narodu żydowskiego. „Dałem ci to, otrzymałeś to – mówi Pan do niektórych osób w Biblii – przez wzgląd na twoich ojców". Ojcowie mogą wiele, jeśli chodzi o świętość dzieci. Myślę, że świętość małej Mariam ma źródło w modlitwie jej rodziców jeszcze przed jej poczęciem. Jej życie było darem otrzymanym dzięki wstawiennictwu Matki Bożej i mała Mariam całe życie będzie korzystała z mocy Maryjnej ochrony.

PRZEBITE SERCE PO RAZ PIERWSZY

Gdy mała Mariam ma trzy lata, umiera zarówno jej ojciec, jak i matka. Jest więc już naznaczona cierpieniem. Młodszy brat, urodzony mniej więcej rok po niej, ma na imię Paul, Boulos po arabsku. Przez pierwsze lata są nierozłączni. Jednak, gdy ich oboje rodzice, w ciągu kilku dni umierają, dzieci zostają rozdzielone. Na Bliskim Wschodzie, gdzie rodziny są jeszcze liczne, nie istnieją domy dziecka. Zwyczajowo, gdy dziecko traci rodziców, od razu bierze je pod opiekę wuj lub ciotka, lub jakiś kuzyn rodziców. Dzięki temu nie ma sierot.

Pierwszy umierał ojciec Mariam. Gdy czuł, że nadchodzi koniec, wziął Mariam w ramiona i prosił w modlitwie św. Józefa: „Ojcze Józefie! Ja, ojciec tego dziecka, wkrótce odejdę, ale powierzam to dziecko tobie, bądź jego ojcem, bądź jego ojcem!" Później zwrócił się do Maryi Panny mówiąc:

"Powierzam Ci moje dziecko, bądź jego matką, opiekuj się nim zawsze". I z tymi słowami na ustach cicho zgasł.

To bardzo poruszające widzieć rolę św. Józefa w życiu Mariam. Jako mąż odpowiedzialny św. Józef musiał głęboko wsłuchać się w słowa modlitwy tak ufnego ojca. Pamiętał o jego błagalnej prośbie i zaopiekował się małą Mariam. Wielokrotnie w ciągu jej życia przychodził z wizytą, by ją czegoś uczyć lub bronić.

Jak wspaniałe jest działanie świętych i ich pamięć o naszych bliskich, których pewnego dnia im powierzyliśmy! Pamiętają latami o naszej modlitwie, nawet jeśli my zapomnieliśmy o niej.

W wieku trzech lat mała Mariam została powierzona opiece jednego z wujków, który również mieszkał w wiosce Ebelin. Wujek ten był w znacznie lepszej sytuacji finansowej niż rodzice Bouardi. Nie był oczywiście bogaczem, ale jednak dobrze mu się powodziło. Mały Paul został oddany innej rodzinie, mieszkającej w innej wiosce. Od tego rozstania, rzecz niepojęta i rozdzierająco smutna, dzieci nie miały się już nigdy zobaczyć.

PTAKI

Miało wówczas miejsce wydarzenie, które dobrze ukazuje wrażliwość duszy Mariam na Pana, już od najwcześniejszego dzieciństwa. Pewnego dnia Mariam bawiła się ze swymi kuzynami i kuzynkami przed domem wuja. Lubili brykać na dworze, żyli bardzo blisko natury. Mariam kochała ogromnie przyrodę, stworzenia, miała duszę św. Franciszka z Asyżu, zawsze gotową do zachwytu. Obserwowała drzewa, zwierzęta,

I. MAŁA ARABKA

niebo, ziemię. Język, którym będzie mówiła w sprawach Bożych, zawsze będzie przetykany porównaniami wziętymi z życia przyrody. Tak jak język Jezusa.

Zaobserwowała między innymi, że ptaki się nie myją. Dlatego w swym małym sercu dziecka zaczęła współczuć tym biednym stworzeniom, których nikt nigdy nie myje i postanowiła wyświadczyć im przysługę. Wzięła w ręce ptaszka i zaczęła go myć, szorować z całej siły, potem zanurzyła go w wodzie, namydliła, opłukała... i jak nietrudno sobie wyobrazić, biedne zwierzę od tych zabiegów zdechło. Nasza Mariam znalazła się z martwym maleństwem w dłoniach i przeżyła szok! Była wstrząśnięta tym, że to ona zadała śmierć temu stworzeniu.

PIERWSZE WEZWANIE

W tamtej chwili, podczas gdy była pogrążona w ogromnym dziecięcym smutku, usłyszała w sercu głos, głos niesłuchanie łagodny, a jednocześnie niezwykle mocny, głos który zapamiętała na całe życie. Mówił on: „Wszystko przemija, tak. Jeśli oddasz mi swoje życie, ja pozostanę z tobą na zawsze".

Po raz pierwszy widzimy, jak Mariam słucha samego Boga, słucha Jezusa mówiącego do jej serca. Choć ból z powodu śmierci ptaka był silny, to Boże słowo okazało się jeszcze mocniejsze, miało pozostać wyryte w jej sercu. Wiemy, że słowo Boże dokonuje tego, o czym mówi. Przez to słowo, odczytane w głębi swej istoty, Mariam pojęła wyraźnie, że jedne rzeczy przemijają, a inne trwają. „Zobacz, wszystko przemija" powiedział jej Pan. W tym momencie Mariam nabrała właściwego dystansu do wszystkiego, a przecież była jeszcze bardzo mała, miała około pięciu czy sześciu lat. Nigdy nie umiała dokładnie zrelacjonować historii swego życia, ale wydaje się, że wówczas mogła mieć około pięciu lat. Jak wiadomo jest to wiek, w którym Pan dokonuje wielkich rzeczy w duszach dzieci. Mariam uzyskała finezyjną umiejętność wyczuwania rzeczy, które przemijają i do których nie należy przywiązywać żadnej wagi w obawie przed ich utratą. W tym momencie naprawdę oddała serce Jezusowi, nie wiedząc oczywiście dobrze, w co się angażuje. Zapewne chciała wyruszyć na podbój nieba, wyrażając w ten sposób swoje oderwanie od tego, co przemija. Jej serce zostało mocno naznaczone tym przeżyciem z dzieciństwa. Tego dnia wybrała sprawy wieczne, których nie będziemy pozbawieni.

To może tłumaczy, że Mariam od najmłodszych lat, gdy miała ich zaledwie sześć, zaczęła pościć w soboty dla uczczenia Najświętszej Dziewicy. Zaczęła czynić pokutę, umartwiać swoje ciało, w sekrecie przed opiekunami. Specjalnie jadła to, czego nie lubiła, nie jadła też niektórych potraw. Skąd rozumienie znaczenia postu u tak małego dziecka? Czy stąd, że chciała zdobywać niebo i wyrażać w ten sposób swój brak przywiązania do tego, co przemija? W późniejszym życiu ta postawa jedynie się w niej umocni. To usposobienie serca intensyfikowało się jeszcze w ciągu całego jej życia.

GDY MIAŁAM 5 LAT...

Chciałabym tutaj zwrócić uwagę na ten akt oddania serca dziecka Jezusowi. W wielu bowiem spotkaniach z najróżniejszymi ludźmi uderza mnie jedna rzecz. Bardzo często, gdy ktoś się nawraca po życiu pełnym grzechów, mówi: „Daję Ci moje serce, daję Ci moje życie. Chcę całe życie przeżyć z

I. MAŁA ARABKA

Tobą. A później o tym zapomniałem. Później zbuntowałem się przeciw Kościołowi, przeciw Bogu. Wszystko odrzuciłem, wszystko zostawiłem, żyłem jak poganin".

Ale Bóg nie zapomniał. Bóg pamiętał tę modlitwę i był wierny. I pewnego dnia, gdy człowiek zupełnie, od dawien dawna o Nim nie myślał, jakieś opatrznościowe wydarzenie poruszyło nim i zwrócił swe serce do Pana.

Słyszałam niedawno świadectwo Oliviera, który ma obecnie 23 lata. Gdy miał 11 lat spotkał w swym sercu Jezusa i powiedział Mu: „Panie Jezu, oddaję ci moje życie, oddaję się Tobie". Później o wszystkim zapomniał, a nawet zaczął tracić wiarę. Dużo podróżował, prowadził życie, w którym było wiele grzechów ciężkich, oddawał się praktykom okultystycznym, sprzeniewierzył się Panu i wszedł w rzeczywistość naprawdę niebezpieczną. A później, pośrodku tego zła, Pan przyszedł go odnaleźć. Gdy Olivier wrócił do Boga, przypomniał sobie o modlitwie z dzieciństwa: „Panie Jezu, oddaję Ci moje życie!" Zaczął wtedy płakać z radości. To o czym on zapomniał, tego Pan nie zapomniał.

Pan pamiętał o swej małej Mariam, która w wieku pięciu lat oddała Mu swe serce. Pozostał wierny temu niewinnemu i szczeremu darowi serca dziecka i wziął je za rękę. Od tej chwili, pomiędzy Nim a Mariam tworzy się rodzaj „zmowy".

HISTORIA Z RYBĄ

Od wczesnego dzieciństwa Mariam była wezwana, by być prorokiem, głosem, który rozlega się w Kościele. Historia z rybą pokazuje, że bardzo wcześnie otrzymała dar czytania w sercach ludzkich i widzenia momentami tego, co niewidzialne.

Pewnego dnia miała sen. Widziała w nim, jak do domu wuja przychodzi jakiś mężczyzna i ofiarowuje rodzinie rybę. Ale zrozumiała też, że ta ryba była zatruta i że mężczyzna chciał otruć całą rodzinę. Po przebudzeniu – niespodzianka. Do drzwi domu puka właśnie ten mężczyzna. Rozpoznaje go od razu jako mężczyznę ze snu, który przynosi rybę. Nieznajomy oferuje wielką rybę i mówi, że to jest prezent. Oczywiście rodzina jest zadowolona i zaczyna przygotowywać ją na obiad. Ale Mariam błaga usilnie: „Nie, nie jedzcie tej ryby, jest zatruta! Wszyscy umrzemy!" Jednak wszyscy się z niej naśmiewają: „Co też ty opowiadasz, to jakieś dziecięce bajki!" Nikt jej nie słucha i ryba zostaje podana na stół. Wówczas Mariam błaga, aby mogła ją zjeść pierwsza. Jej cel jest jasny, wszyscy zobaczą, że została otruta i nikt inny nie będzie już jej jadł. Taka mała chciała oddać swoje życie, by uratować innych.

Wobec jej nalegań wuj i ciotka w końcu mówią: „Dobrze, tak czy inaczej, bądźmy ostrożni". Następnie na próbę dają trochę ryby jakiemuś zwierzęciu, które w rezultacie biedne zdycha. A więc ta ryba została faktycznie zatruta! Tego dnia otoczenie przekonuje się, że Mariam jest dzieckiem szczególnym i że to ona uratowała rodzinę.

WIELKI WĄŻ

Ten epizod, jeden wśród wielu, pokazuje, że Mariam żyła w kontakcie ze światem niewidzialnym, w kontakcie ze sprawami Bożymi, których normalne oko nie widzi. Już wtedy miała łaskę prorokowania.

Historia dotyczy węża. Pewnego dnia, gdy Mariam była jeszcze dzieckiem, jadła zupę w swoim kącie w kuchni,

I. MAŁA ARABKA

zupełnie sama. Była to zupa krem. Otóż, po cichu duży wąż zbliżył się do niej, wślizgnął się pomału na stół i zaczął jeść z talerza Mariam. Jednak ona, absolutnie nie przestraszyła się widoku węża – widać nieświadoma zagrożenia – schwyciła dla zabawy jego głowę i pozwoliła mu razem z sobą jeść z miski, nawet zanurzyła jego głowę, by jadł szybciej. Posiłek toczy się w ten sposób jako rzecz najnormalniejsza w świecie, gdy nagle nadchodzi służąca. Przerażenie! Widząc tę scenę zaczyna głośno krzyczeć i odpędza węża. Mariam jednak pozostaje całkowicie spokojna.

Dzięki tej historii możemy już odgadnąć, jak w przyszłości Mariam będzie odnosiła zwycięstwa nad Mocami ciemności; swą niewinnością i czystością. Szatan nie może znieść niewinności (dlatego dzisiaj tak bardzo atakuje małe i większe dzieci). Ale Mariam posiada broń najskuteczniejszą, jest nią jej pokora i niewinność. Spokój duszy całkowicie zanurzonej w Bogu sprawia, że Zły nie ma nad nią żadnej władzy. Oczywiście, on manifestuje się, będzie miał na nią zakusy od początku aż do samego końca, będzie ją atakował, kusił i usiłował zniszczyć. Ale nie uda mu się, bo Mariam będzie trwała stale zjednoczona z Bogiem, niewinna i czysta.

OBIETNICA MAŁŻEŃSTWA

Mariam rośnie. Wuj jest dla niej dobry. Traktuje ją jak swoją córkę. Mariam o tym nie wie, ale on obiecał już jej rękę pewnemu chłopcu. W roku 1859 takie obietnice małżeństwa zawieranego pomiędzy rodzinami były czymś całkowicie normalnym w większości arabskich rodzin. Wuj i ciocia zaplanowali więc sami w tajemnicy małżeństwo Mariam i gdy miała dwanaście lat, oświadczyli jej, że wkrótce poślubi chłopca, którego oni wybrali dla niej już dwa lata temu. Mariam nie miała o niczym pojęcia.

Nagle, ubierają ją wytwornie, stroją biżuterią, układają jej z włosów wspaniałą fryzurę, krótko mówiąc, czynią z niej przepiękną narzeczoną. Jednak Mariam pamięta, że gdy miała pięć lat, obiecała swe życie Panu i zdecydowała w swym sercu nie należeć do nikogo innego jak tylko do Jezusa. Data ślubu się zbliża, Mariam jest coraz bardziej przerażona. Usilnie błaga Dziewicę Maryję, by przyszła jej na pomoc i uniemożliwiła to małżeństwo. Rozmawia z wujem, ale wuj jest zdecydowany, absolutnie nie zamierza się ugiąć. Dla niego najważniejsze, by wydać za mąż siostrzenicę sierotę, będzie w ten sposób pod dobrą opieką, nie wyobraża sobie dla niej innej przyszłości. Taka jest mentalność epoki, takie jest społeczeństwo patriarchalne.

Jednak Matka Boża czuwa nad przyszłą oblubienicą swego Syna. W noc poprzedzającą ceremonię ślubu szepcze do ucha swej protegowanej pewien podstęp, klasyczny fortel, który znajdujemy już w życiu św. Katarzyny ze Sieny. Mariam rozumie go od razu i natychmiast rano ścina swe piękne, długie włosy. Tymczasem na Wschodzie jest to rzecz nie do pomyślenia – poślubić kobietę bez włosów! Nie jest to możliwe, stanowi wielki wstyd. Nazajutrz rano, Mariam staje przed rodziną i umówionym narzeczonym i zdejmuje welon. Szok! Bez włosów wygląda jak chłopak! Skandal! Hańba! Mariam nie ma już włosów, to znaczy, że nie nadaje się do małżeństwa. Fortel dobrze zadziałał. Wszyscy są oburzeni na taki akt nieposłuszeństwa, wuj wpada we wściekłość. Bije ją do krwi. Mariam zachowa na ciele ślady jego złości. Zostaje wyrzucona z domu i odtąd traktowana jak niewolnica niewolnic, które

1. MAŁA ARABKA

mu usługiwały. Dał im polecenie, by znęcały się nad Mariam, dawały jej najcięższe prace w kuchni, ogrodzie, polu. W ciągu miesięcy trwa prześladowanie Mariam, upokorzeniom nie ma końca. Bóg jeden wie, ile wtedy wycierpiała.

Zamiast jednak się buntować, czy użalać nad swym losem, Mariam odnajduje się w nowej sytuacji i czerpie z niej radość. Cieszy się z tej bliskości z Panem, która stała się już jej udziałem, z bliskiego kontaktu z mieszkańcami nieba. Życie jest na zewnątrz ciężkie, ale Mariam ma niebo w sercu. Zrozumiała, że jej serce jest niebem; pośród najcięższych prac trwa radosna, rzeczywiście błogosławiona. Ta łaska jest dla niej bardzo ważna. Ciężkie prace i doświadczenie odrzucenia pomogą jej bardziej zbliżyć się do Boga. Mija kilka miesięcy.

ZOSTAŃ Z NAMI NA KOLACJĘ

Mariam stale ma w pamięci, że jej brat mieszka niedaleko Nazaretu. W wieku dwunastu lat dowiaduje się, że pewien muzułmanin ma zamiar udać się do Nazaretu. Spotyka się z nim i przekazuje wiadomość dla swego brata. Udaje się do jego domu, do muzułmańskiej rodziny, która mieszka blisko jej wioski. Gospodarze zatrzymują ją: „Zostań z nami na kolację, nie odchodź tak szybko!" Na Wschodzie jak wiadomo, nie wypada odmówić, gdy ktoś zaprasza, byłoby to niegrzeczne wobec gospodarzy, tego domaga się obyczaj. Poza tym, dzień się zbliża ku zachodowi. Mariam zgadza się zjeść posiłek z tą rodziną. Ponieważ była ofiarą przemocy, na jej ciele widoczne są ślady uderzeń. W czasie posiłku muzułmanin mówi: „Widzisz do czego prowadzi cię przywiązanie do wiary chrześcijańskiej, ludzie źle się z tobą obchodzą, religia muzułmańska jest lepsza. Lepiej byś zrobiła, gdybyś została muzułmanką, przeszła na islam i wyrzekła się chrześcijaństwa". Mariam odpowiada stanowczo: „Nie, nie, wiara chrześcijańska jest dla mnie ważna. Jestem katoliczką i zamierzam umrzeć jako katoliczka, to jedyna prawdziwa wiara".

Wobec tak śmiałej obrony swej wiary przez tę maleńką kobietę, prawie jeszcze dziecko, muzułmanina ogarnia złość i kopie Mariam butem. Mała dostaje cios w klatkę piersiową i upada na ziemię. Mężczyzna bierze do ręki zakrzywioną, szeroką szablę i podcina jej gardło. Rana jest śmiertelna. On i jego żona postanawiają jak najszybciej pozbyć się ciała i pod osłoną nocy, niczym złodzieje, porzucają ciało Mariam w odludnym miejscu, w pewnego rodzaju grocie. Zostawiają je tam i wracają do siebie, jakby nic się nie stało.

TWA KSIĘGA NIE JEST SKOŃCZONA

Co dzieje się z małą Mariam? Można powiedzieć, że poniosła śmierć męczeńską; wyznała wiarę i przelała krew z powodu wiary. Trzeba dodać, że jakiś czas wcześniej Mariam, w swej żarliwej miłości wobec Pana, prosiła Go o łaskę męczeństwa. Chciała przelać krew za wiarę jak najszybciej. Pan kazał jej kilka lat czekać, ale wysłuchał jej modlitwy.

Ciało Mariam leży w nocy porzucone w grocie, w brudnej, ciemnej jaskini w sercu Galilei. Czy przyjdą rozszarpać ją zwierzęta? Nie, historia tu się nie kończy. Z młodziutką dziewczyną zacznie się dziać coś bardzo tajemniczego i niezwykłego. Po latach powie ojcu Estrate, swemu ojcu duchowemu, że wstąpiła do nieba i tam widziała Boga, widziała Trójcę Świętą, widziała Jezusa Chrystusa w Jego człowieczeństwie.

I. MAŁA ARABKA

Widziała tron Boga, Najświętszą Maryję Pannę tuż obok tronu Pana w całym bogactwie jej chwały. Widziała aniołów Bożych, widziała też dusze świętych. Była zanurzona w wielkiej, ogromnej błogości, w niewyobrażalnym szczęściu, którego rzeczywiście nigdy nie będzie mogła opisać ubogimi słowami, bo, jak powie, jest ono nie do opisania! Tymczasem jednak w środku tej błogości, można rzec ekstatycznej, ktoś do niej się zbliża i mówi: „Mariam, twoja księga nie jest skończona, powrócisz na ziemię". I nie wiedzieć jakim sposobem, Mariam się budzi. Zdaje sobie sprawę z tego, że znajduje się w grocie. W tej grocie podchodzi do niej pewna kobieta. Jej ubiór jest Mariam zupełnie nieznany, można by powiedzieć, że to zakonnica. Ma piękną, błękitną suknię, jest tuż, po prostu obok niej, niebywale łagodna i jej obecność uszczęśliwia serce Mariam. I oto ona zaczyna zaszywać ranę na szyi Mariam, opatrywać ją. Kładzie na ranę okłady. Kobieta prawie nie mówi. Codziennie przychodzi do Mariam i troszczy się o nią jak najlepsza pielęgniarka.

PYSZNA ZUPA

Pomiędzy Mariam a tą tajemniczą siostrą zakonną tworzy się głęboka więź, pełna miłości. Pewnego dnia Mariam czuje, że siły jej wracają. Nieznajoma przynosi jej szczególne jedzenie, którego dziewczyna nigdy wcześniej nie widziała. Powie później: „Była to zupa, ale nie zwyczajna zupa. Przepyszna!" Zjada więc tę zupę z rozkoszą, tak jej smakuje! Później, jak dzieci przy najlepszych daniach, prosi Panią: „Jeszcze!" W tym momencie Pani po raz pierwszy pozwala jej usłyszeć swój głos mówiąc: „Mariam, nie, teraz wystarczy". Nie chciała jej dać więcej zupy. Wydaje się, że skorzystała z prośby Mariam, by dać jej małą lekcję.

Wiemy z dalszego ciągu historii, że owa Pani, tajemnicza zakonnica, była nie kim innym, jak Maryją Dziewicą. Mała dygresja: gdy muzułmanin chciał zmusić Mariam, by wyparła się swojej wiary, ona z dużą odwagą opowiedziała się po stronie Pana. Pan o tym pamiętał i z kolei On stanął po jej stronie pozwalając na to cudowne uzdrowienie, nawet wskrzeszenie, bo cios szabli był rzeczywiście śmiertelny. Posłał swoją własną Matkę, by opiekowała się Mariam. Widzimy, jak to jest ważne. Za każdym razem, gdy przyznajemy się do Pana, ryzykując cierpieniem, ośmieszeniem, a nawet utratą życia, Pan nie będzie zwlekał i przyzna się do nas. Mariam, bardziej niż ktokolwiek inny tego doświadczyła.

BĄDŹ ZAWSZE ZADOWOLONA

Widzimy, jak Matka Boża odwiedza młodziutką Mariam w grocie. Posłuchajmy, co jej mówi, karmiąc ją zupą: „Pamiętaj Mariam, żeby nie postępować jak osoby, które nigdy nie mają dość, mów zawsze: wystarczy! Bądź zawsze zadowolona, pomimo cierpienia, które znosisz". Następnie mówi jej, że będzie dużo w życiu cierpiała i nalega: „Bądź zawsze zadowolona. Pan, który jest dobry, będzie ci dawał to, co konieczne". Tłumaczy, że powinna wszystko przyjmować, jako pochodzące z ręki Bożej i dziękować za każdy szczegół swojego życia.

Dla Mariam ta nauka pozostanie wielkim światłem, decydującym. Słowa „bądź zawsze zadowolona" będą stanowiły fundament jej szczęścia i osnowę jej życia zakonnego. Kilka lat później, inna karmelitanka, siostra Teresa od Dzieciątka

I. MAŁA ARABKA

Jezus, wyraziła tę samą myśl swoimi słowami: „Prawdziwe szczęście na ziemi polega na tym, by uważać za cudowną cząstkę, którą nam Jezus daje".

Przypomnijmy Psalm 23: „Pan jest moim pasterzem, nie brak mi niczego". Dla Mariam to słowo-klucz. Będzie je stosować dosłownie. „Nie brak mi niczego". Przez całe życie będzie przyjmować wszystko to, co jej się przydarzy jako pochodzące od Boga. Ta wewnętrzna postawa, którą postanowi radykalnie wcielać w życie, uczyni z niej najszczęśliwszą z kobiet. Wie odtąd, że wszystko przychodzi z ręki Boga.

Niezależnie od zdarzenia, nie niepokoi się, całuje rękę Boga, zanim nawet przyjrzy się temu, co jej życie przynosi. Wszystko jest dla niej dobre, by stawiać kolejne milowe kroki w wierze i zaufaniu. Będzie dzięki temu doświadczać szczęścia, jakie Bóg daje w każdej sytuacji, choćby pozornie najokropniejszej. Czyni dobry wybór. Oby każdy z nas mógł dokonać takiego samego wyboru, dla swego własnego szczęścia. Przypominają mi się wspaniałe słowa Marty Robin: „Widzę wyraźnie, jak bardzo Jego cudowna wola urzeczywistnia się poprzez wszystko, nawet przez to, czego On nie chciał. Mogę ją tylko w ciszy kontemplować i adorować".

Jak rozumieć te słowa? Bóg kocha nas tak bardzo, że gdy zdarza się coś złego, co nie jest Jego wolą (na przykład skutek grzechu), czyni z tego swoją wolę i posługuje się tym wydarzeniem dla naszego większego dobra. Przykład: gdy Piotr zaparł się Jezusa, Jezus oczywiście nie chciał tego grzechu, jednak Ojciec uczynił z niego swoją wolę i nią się posłużył, odwrócił to wydarzenie na korzyść Piotra, który tego dnia dogłębnie poznał swoją nędzę i mógł wzrosnąć w pokorze.

SIDŁA ZŁEGO

Mariam nie zatrzymują żadne przeszkody, szczególnie zaś jej własne „ja". Tymczasem bardzo często, gdy jesteśmy doświadczani, żalimy się i ten żal nas zatrzymuje.

Spotyka nas coś nieprzyjemnego i mówimy: Szkoda, szkoda, gdyby to się inaczej potoczyło, mógłbym zrobić to czy tamto…, gdyby mój mąż był inny…, gdyby to się nie stało…, gdybym nie zachorował…, gdyby ta osoba nie ukradła mi tego, co mi się należy. W ten sposób, nawet nie zdając sobie z tego sprawy, wpadamy w sidła Złego przez swoje skargi i próżny żal. Zatrzymujemy się w naszych wzlotach do Pana, ponieważ szatan w gruncie rzeczy jest kimś, kto się nieustannie skarży i żali, jest wiecznie sfrustrowany, wyszukuje zło w każdej sytuacji, zawsze jest gotowy do buntu.

Mariam obierze odwrotną postawę. Maryja Dziewica wyraźnie jej powiedziała: „Bądź zawsze zadowolona". Dzięki temu Pan będzie znajdował radość w swej małej Mariam, będzie w niej czynił wszystko, co zamierzył.

Tak mówi Pan o królu Dawidzie: „Znalazłem Dawida, syna Jessego, człowieka według mego serca. On we wszystkim wypełni moją wolę" (DZ 13,22). W pewnym sensie Bóg prorokuje o Dawidzie. Nie mówi: „Wypełnił we wszystkim moją wolę". Nie. Mówi „wypełni". Czas przyszły. Bóg jest pewien Dawida, ponieważ Dawid jest wierny. Dawid słucha.

To samo można powiedzieć o Mariam. „Dziecko według serca Boga, ponieważ będzie czynić Jego wolę".

I. MAŁA ARABKA

BÓG PUKA DO WIELU DRZWI

W swym pragnieniu dawania nieskończonej miłości, Bóg puka do wielu, wielu drzwi; szuka, ma nadzieję. Ileż razy zostaje odrzucony! Pragnie znaleźć kogoś, kto mu powie: „Panie, możesz zrobić z moim życiem to, co Ci się podoba. Z góry, już teraz jestem zadowolony". Bóg szuka takich dusz. Odnalazł Mariam. Wiedział, że cokolwiek się stanie w jej życiu, ona powie Mu z góry „tak". Zawczasu przystanie na plan, który Bóg będzie chciał zrealizować. Co wtedy robi Pan? Korzysta, by zaprowadzić ją bardzo, bardzo daleko. Jest niezwykle zadowolony, że może działać. Mówi sobie, że z nią będzie mógł iść do przodu bez przeszkód, będzie mógł wszystko. I rzeczywiście, Bóg będzie mógł czynić wszystko, co zechce w życiu Mariam. Ona urzeczywistni cały potencjał świętości, który dla niej przewidział. Potencjał świętości przygotowany dla niej.

Historia Kościoła daje nam wiele przykładów świętych, którzy musieli dokonać wyborów decydujących o całym ich życiu. Mam na myśli na przykład pewną młodą Austriaczkę, Marię Sieler (1899-1952). Jezus mówił do jej serca, wzywał ją do bardzo szczególnej misji w Kościele. Maria nie mówiła nie, ale trochę się bała. Mając 24 lata nadal się wahała, czy oddać się całkowicie Temu, który ją wzywał. Pewnego dnia, po przyjęciu Komunii Świętej, usłyszała w sercu głos: „Jeśli nie chcesz się przezwyciężyć, poszukam innej duszy. Mam tysiąc innych dusz, gotowych przyjąć moje łaski". Maria Sieler zrozumiała, że propozycja tej misji jest jedyna w swoim rodzaju i więcej się nie powtórzy.

Odpowiedziała całkowicie na wezwanie Jezusa i jej dusza

stała się jak ogień, bez reszty oddana wspaniałemu powołaniu macierzyństwa duchowego i uświęcenia kapłanów.

Ja zresztą sama miałam przyjaciółkę w Ameryce, wezwaną do bardzo szczególnej misji. Ponieważ była matką rodziny, dziwiła się wobec Jezusa, że została wybrana do tego zadania, które jej zdaniem bardziej pasowałoby do osoby zakonnej. Ale Jezus jej odpowiedział: Tak, zaproponowałem to zadanie innej duszy, ale ona powiedziała „nie". Wybrałem ciebie, bo ty powiedziałaś mi „tak". Moja przyjaciółka skomentowała to z humorem: „Nie miej złudzeń, byłam Jego planem B".

Nasza Mariam powiedziała natychmiast swe bezwarunkowe „tak" Jezusowi i wiedziała, że działając w taki sposób, wybiera to, co najlepsze na tym świecie i na tamtym. Nie zostanie tego pozbawiona. Owo „tak" jest fundamentalną postawą w zwyczajnym życiu chrześcijańskim, a tym bardziej w życiu konsekrowanym. Nie trzeba się więc dziwić, że widzimy w życiu Mariam wydarzenia przekraczające całkowicie możliwości dziecka, które nie umie ani czytać, ani pisać, nie ma żadnego wykształcenia, które nic nie wie, niczego nie umie, jest tak delikatne, tak z natury wrażliwe! Bóg uczyni w niej wszystko, co potrzeba, ponieważ ma w rękach uległe tworzywo. Mariam zgadza się nie zawsze rozumieć, co Pan z nią czyni. A będzie czynił cuda.

UMRZESZ W BETLEJEM

Gdy Mariam wyzdrowiała, dobra Pani nie przestaje jej nauczać. Mówi jej o przyszłości i jasno tłumaczy, co ją czeka: „Nigdy więcej nie zobaczysz swojej rodziny". Trzeba dodać, że Mariam była bardzo przywiązana do swojej rodziny. „Nigdy więcej nie

I. MAŁA ARABKA

zobaczysz swojej rodziny. Będziesz miała pokusy wiele razy, by iść do nich i dać się odnaleźć. Nigdy nie pozwól, by cię poznali. Pozostań ukryta".

Tymczasem zniknięcie Mariam narobiło sporo zamieszania w rodzinie wuja. Bano się, że ktoś ją uwiódł, albo uprowadził. Takie zdarzenie okrywa rodzinę hańbą, dlatego robili wszystko, by ją odnaleźć i ich poszukiwania sięgały daleko, szukali jej wszędzie. Mariam bardzo szybko zorientowała się co do tego i musiała pozostać w ukryciu.

Maryja Dziewica powiedziała jej przecież: „Będziesz miała pokusy, by dać się odnaleźć, ale pozostań ukryta". Następnie dodała: „Zostaniesz zakonnicą. Najpierw będziesz dzieckiem św. Józefa, później zostaniesz córką św. Teresy (z Avila). Przywdziejesz habit karmelu i umrzesz w Betlejem.

ZAKONNICA ZNIKNĘŁA

Mariam, pozostając nadal w grocie, odzyskała siły i mogła wyruszyć przed siebie. Ruszają więc w drogę z ową siostrą zakonną i kierują się w stronę Aleksandrii. Droga była bardzo długa i niewiele o niej wiadomo, poza tym, że kobiety dużo się modliły. Czyż Maryja Panna nie przemierzała już tej drogi z Józefem i dzieciątkiem Jezus dwadzieścia wieków wcześniej?

Przybyły do Aleksandrii, odnalazły kościół i zakonnica poradziła dziewczynie: „Idź się wyspowiadaj".

Mariam więc mówi do siostry: „Proszę na mnie poczekać, wyspowiadam się i zaraz przyjdę" i wchodzi do kościoła. Idzie do spowiedzi, po czym wychodzi z kościoła i szuka siostry wzrokiem. Szuka, szuka... Nie, to niemożliwe! Rodzi się w niej lęk, który coraz mocniej ją ogarnia. Siostry nie ma. Zniknęła.

Znowu serce Mariam przeszywa miecz. Przeczuwa, że nigdy więcej jej nie zobaczy i jest to dla niej straszne. Znowu zostaje sama, absolutnie sama na świecie. Rodzina? Na pewno nie, wskazówka była jasna: nie ma z nią szukać kontaktu. Nieobecność siostry, która była dla niej dobra jak mama, staje się nie do zniesienia. Serce w niej zamiera. Nie ma już żadnego oparcia na ziemi. W tym momencie Mariam jest kuszona, by się załamać, ale przypomina sobie o słowach Jezusa. Przypomina się jej umowa, którą zawarła z Panem. Wie, że wszystko, co ją spotyka, przychodzi od Boga i że nigdy niczego jej nie zabraknie. Nabiera na nowo odwagi. Idzie odnaleźć tego księdza, u którego się spowiadała i w tajemnicy spowiedzi opowiada mu swoją historię. Ksiądz zgadza się jej pomóc.

SŁUŻĄCA, O JAKIEJ KAŻDY MARZY

Z pomocą księdza zostaje służącą w kilku kolejnych rodzinach. Wyobraźmy sobie Mariam, która ciągle ma jedynie 12 lat. Ileż odwagi potrzebowała, by znieść wszystkie te próby.

Służy i w bogatych i w biednych rodzinach. U ludzi dobrych i złych. Najpierw pracuje w Aleksandrii, ale dosyć szybko musi opuścić miasto, gdyż nadal jest poszukiwana przez swoją rodzinę i boi się, że zostanie znaleziona.

Później przenosi się do Jerozolimy, tam, w niektórych rodzinach arabskich styka się z biedą. Cały ten okres, gdy jest służącą w rodzinach, charakteryzuje się jej niezwykłą miłością wobec biednych i chorych. Przychodzi im z konkretną pomocą, bo jest zaradna, ale także przez modlitwę. Wyjednuje nawet cuda.

Służy w pewnej rodzinie, w której wszyscy są chorzy.

I. MAŁA ARABKA

Mariam sama żebrze dla nich na chleb. Dzięki jej modlitwie, kolejno członkowie tej rodziny podźwigają się z łóżek, a nawet z łoża śmierci. Wszyscy zostają uzdrowieni.

Innym razem zostaje wezwana, by modliła się za dziecko, które właśnie umarło. Bierze je w ramiona i dziecko powraca do życia.

Jest w Mariam pewna stała cecha: głęboka miłość do tych, którzy ją otaczają. Nazywała ludzi „barankami". Często powtarzała: „Kochajcie wasze baranki bardziej niż samych siebie!" Ona faktycznie tym żyła, takie dawała świadectwo. Wszystkie rodziny, u których pracowała mogą zaświadczyć: „Mariam kochała nas bardziej niż samą siebie".

BAĆ SIĘ BARDZIEJ BOGA NIŻ LUDZI

Dlaczego przechodziła od jednej rodziny do drugiej? Dlaczego nigdy nie zostawała dłużej u jakiejś jednej? Powodem była jej wielka pokora. Przychodziła jako skrajnie uboga, miała jedno ubranie na zmianę i nic innego. Przyjmowano ją jako biedaczkę i pogardzano nią. Dawano jej najgorsze prace, a później, z czasem, dzięki jej pracowitości, miłości, dzięki łasce, która jej towarzyszyła, członkowie rodziny przywiązywali się do niej i zaczynali ją szanować. Gdy tylko Mariam widziała ten rodzący się w nich szacunek i wiedziała, że teraz zaczną jej schlebiać, brała swój tobołek i szła na służbę gdzie indziej. Tak bardzo bała się wpaść w pychę, tak bardzo nie chciała być chwalona, że odchodziła. W ten sposób w ciągu siedmiu lat przechodziła od jednej rodziny do drugiej, czyniąc dobro, uzdrawiając chorych, wypowiadając słowa mądrości.

Potrafiła być czasami bardzo gwałtowna. Gdy widziała

gdzieś grzech, uprzedzała daną osobę, ostrzegała przed grzechem nawet bardzo wpływowe osoby.

Pewnego dnia na przykład kobieta, u której służyła włożyła niezwykle drogą, kosztowną suknię i wybrała się na bal. Mariam powiedziała jej, że jej dusza znajduje się w niebezpieczeństwie i że Pan jest bardzo niezadowolony z jej zachowania, które może prowadzić do nieczystości.

Kobieta ta była szlachetnie urodzona, ale Mariam nie bała się wyraźnie ją ostrzec. Pan i Jego chwała były dla niej na pierwszym miejscu, reszta na dużo, dużo dalszym.

Przez 7 lat, między swoim 12 a 19 rokiem życia, Mariam służyła u różnych ludzi, ćwicząc się w pokorze i miłości. Następnie, tak jak wcześniej przepowiedziała jej Pani, która leczyła ją w grocie, Mariam znalazła się na południu Francji, w Marsylii. Tam służyła rodzinie Najard. Tam też po raz pierwszy otrzymała niezwykłe łaski mistycznego kontaktu z Bogiem.

PIERWSZE ZACHWYCENIA

W czasie pobytu w rodzinie Najard Mariam wpada w długie, dwugodzinne zachwycenie. Myślano z początku, że umarła, ale różowość policzków upewnia otoczenie, że tak nie jest. Nie umarła, budzi się po dwóch godzinach. Tak naprawdę nigdy się nie dowiemy, co się faktycznie działo w ciągu tych godzin. Ale jakiś czas później Mariam ma kolejne zachwycenie, które tym razem trwa cztery dni. Lekarze próbują ją reanimować. Podają leki.

Stwierdzają: „Nie rozumiemy, co się z nią stało. Nigdy nie spotkaliśmy się z takim przypadkiem". Znacznie później

I. MAŁA ARABKA

Mariam opowie, że w czasie tych czterech dni jej dusza została mistycznie wprowadzona w rzeczywistość niewidzialną i boską.

Nie zapominajmy o trzecim błogosławieństwie, które bardzo wyraźnie odnosi się do Mariam: „Błogosławieni czystego serca, albowiem oni Boga oglądać będą" (MT 5,8).

ZOSTALIŚMY STWORZENI DLA NIEBA

Mariam miała serce doskonale czyste i widziała Boga. Widziała rzeczy niebieskie, rzeczywistość, która jest znacznie bardziej realna niż to, co możemy zobaczyć i czego możemy dotykać naszymi zmysłami. Widziała rzeczy niebieskie i dawała o tym świadectwo. Podczas tych zachwyceń Maryja Panna wprowadziła ją do nieba, pokazała jej też czyściec i piekło.

Co można powiedzieć o świadectwie Mariam? Wydaje się, że dzisiaj rzeczywistości pochodzące z Góry są mało znane. W naszych czasach, szczególnie na Zachodzie, cierpimy na rodzaj zmowy milczenia na ten temat. Mało kto ośmiela się o tym mówić; bądź z lęku przed ośmieszeniem, bądź z powodu ignorancji. Rzeczywistości te bowiem zostały ukazane w zniekształcony sposób. Stąd też lepiej o nich nie mówić, a nawet nie myśleć.

Ale Mariam, jak prawdziwy prorok, przychodzi przypominać nam o tej rzeczywistości, dla której się narodziliśmy. Swym jasnym głosem dziecka, głosem widzącej przypomina nam, że zostaliśmy stworzeni dla nieba, dla zjednoczenia w wiecznej miłości z Panem.

„Moja dusza tęskni do przedsionków Pańskich" – mówi psalmista. Dusza tęskni, usycha, dąży ku Panu, a On sam czeka na nią w wiecznej szczęśliwości, którą dla niej przygotował.

Mariam w czasie swych widzeń spotkała Pana. Spotkała też anioły, te błogosławione duchy, które trwają przed Bogiem. Widziała chwałę, jaką była obdarzona każda dusza. Chwała ta miała bezpośredni związek z tym, co dusza wycierpiała dla Pana, co przeszła dla chwały Bożej, gdy była jeszcze na ziemi. Gdy jesteśmy na ziemi, mamy tę odrobinę czasu, by wybrać Boga i Mu się ofiarować, by współpracować z dziełem Bożym, szukając jego chwały.

Mariam zakosztowała szczęścia niebieskiego. Dlaczego ona? W jakim celu takie wyróżnienie? Dlaczego zakosztowała tak intensywnego szczęścia, szczęścia doskonałego i niezapomnianego, jakim jest niebo? Możemy nawet zapytać: Czemu ona, a nie my? A przecież to jasne, zakosztowała tego szczęścia, ponieważ Pan ją wybrał spośród wszystkich, by powiedziała o tym szczęściu całemu światu! Nie każdy ma łaskę być wprowadzony w tajemnice wieczności już tu na tym świecie. Ale ona, mała Mariam, otrzymała zadanie, by nam o tym opowiedzieć. Zapłaciła też za to wysoką cenę.

Często powracam myślą do objawień maryjnych z Lourdes, La Salette, Fatimy; objawień uznanych obecnie przez Kościół. Ileż razy Dziewica przypomina z naciskiem, jakie są cele ostateczne człowieka. Ile razy przypomina, że człowiek nie został stworzony dla tego, co przemija. Człowiek nie został stworzony, by przywiązywać się do rzeczy, które może stracić z minuty na minutę. Człowiek powinien przygotować już teraz swą wieczność. Każda dusza wybiera, jaka będzie jej wieczność. To ona sama wybiera treść wieczności w pełnej wolności. To jest rzecz niezwykła! Ale też niestety, bardzo rzadko się o niej słyszy. Gdyby mogło się to zmienić, bo bez perspektywy wieczności dokąd dziś zmierza człowiek? Jak mówi Pani

I. MAŁA ARABKA

w Medziugorje: „Świat bez nadziei dla tych, którzy nie znają Jezusa". Zostaliśmy stworzeni dla rzeczywistości nieba.

NAJNIEBEZPIECZNIEJSZE UBEZPIECZENIA

Myślę o tym, jak niezwykle rozwija się rynek ubezpieczeniowy w zachodnim świecie. Ludzie spędzają długie godziny na szukaniu najlepszych ubezpieczeń. Ubezpieczają dom, zdrowie (co jest normalne), biżuterię, podróże. Dojdziemy do ubezpieczenia psa. Wydatkują mnóstwo energii zajmując się tymi sprawami. Oczywiście, one są też ważne, to jasne.

Ale jak można ubezpieczyć dom i biżuterię, a nie myśleć wcale, nawet przez minutę dziennie, o tej wieczności, która oczekuje każdą istotę? To właśnie jest absurdalne! To jest całkowita ślepota! Szaleństwo człowieka, który zasypia na beczce prochu z kieszeniami pełnymi polis ubezpieczeniowych!

Mariam przypomina nam, że rzeczy, które przemijają – przeminą. Że również wszystkie nasze ubezpieczenia przeminą. A nawet towarzystwa ubezpieczeniowe, one też mogą przeminąć z minuty na minutę. Wystarczy zmiana ustroju, wystarczy choroba, wojna czy katastrofa naturalna. Wystarczy tak niewiele, by wszystkie nasze zabiegi poszły z dymem w jednej chwili. Przywiążmy się więc do tego, co nie przemija, do rzeczy, których współczesne bożki nie mogą nam dać. Przywiążmy się do rzeczy, które będziemy mogli zachować i kosztować przez całą wieczność.

W głębokości duszy pragniemy nieprzemijających rzeczywistości. Jesteśmy zmęczeni duchowymi nowinkami, które pozostawiają w nas pustkę, nie tworzą przyszłości. Na próżno zdadzą się nasze wysiłki negowania istnienia wieczności.

Zostaliśmy stworzeni dla wieczności i w najtajniejszej głębi naznaczeni pragnieniem jej. Mariam wie o tym dobrze. Maryja Panna pokazując jej świętych w wiecznej szczęśliwości, zanurza jej duszę w ogniu. Dusza Mariam staje się miękka jak wosk, topi się w tym ogniu Ducha Świętego, którego płomienie przenikają ją i zewsząd otaczają.

Na tym miękkim wosku zauważyć można jakby odciśniętą pieczęć. Przez resztę swoich dni Mariam pozostanie naznaczona tym znamieniem, rozpalona do czerwoności przez wizję rzeczy niebieskich. Od tej pory nie może żyć inaczej, niż wpatrzona w niebo, z oczami utkwionymi w zachwycającej przyszłości. Dzieli się tak dobrze tym co przeżyła, ponieważ sama płonęła ogniem.

NIE COFA SIĘ PRZED NICZYM, POKONAŁA LĘK

Tak, ogień ogarnia ją całą. Tu chciałabym postawić pytanie: czym jest ten ogień miłości, tak silny? Tak silny, że Mariam nie będzie już nigdy bała się przechodzić jakiejkolwiek próby na ziemi. Jest tak płomienna, tak przemieniona, że nie bałaby się nawet męczeństwa. Nie bałaby się nawet choroby. Nie bałaby się mówić prawdy ludziom, którzy by ją za to poniżali. Nie bałaby się cierpieć na tysiące sposobów, by przyprowadzać dusze do Boga, nawet milionów dusz! Jej radością będzie pomagać duszom, dawać im poznawać to szczęście, które ona jedynie przez chwilę widziała w czasie swej krótkiej wizyty w niebie. Co przez to nam mówi mała Mariam? Po prostu: to szczęście istnieje! Jest tutaj. Już jest tutaj. Jedynie cienka zasłona nas od niego oddziela. Istnieje i jest dla nas!

Nie musimy się więc przejmować wszystkimi tymi

nihilistycznymi i pesymistycznymi ideologiami, tymi ograniczonymi prądami umysłowymi, ateistycznymi doktrynami, które kwitną w naszej epoce i chcą nam wmówić, że istnieje tylko ziemia. Że nasza podróż kończy się w czarnej dziurze w ziemi. Jakież to śmiertelnie nudne!

Mariam mówi nam, tak jak Ewangelia, że wieczność istnieje. Pod pewnymi względami przypomina mi św. Bernadettę. Nie opowiada jak teoretyk, który zdobył wiele dyplomów, ale po prostu świadczy o tym, co widziała na własne oczy, co sama przeżyła. Promieniuje tą tajemnicą, którą w sobie kryje, ona jest silniejsza nad wszystko.

ODWIEDZINY DUSZ CZYŚĆCOWYCH

Nie trzeba długo czekać na rezultat. I jest to bardzo piękne. Przychodzą odwiedzać ją dusze i „czynią to same z siebie", jak Mariam tłumaczy to w swym prostym języku. Błogosławione dusze z nieba, podobnie jak dusze czyśćcowe odwiedzają ją i zwracają się do niej z pełną otwartością.

Nie zapominajmy, że Mariam widziała czyściec i że tam otrzymała od Boga wielkie światło. Światło to nie jest tylko wiedzą samą w sobie, czy zbiorem informacji do zapamiętania. Nie, jest to światło, które przemienia. Gdy Mariam zobaczyła dusze, które tak bardzo cierpią w czyśćcu, zrodziło się w niej ogromne współczucie.

Obdarzyła je prawdziwym uczuciem. W tym porywie serca zapłonęła gorącym pragnieniem przychodzenia z pomocą tym duszom, które cierpią. Nic dziwnego, że wiele dusz czyśćcowych zaczęło ją odwiedzać, szczęśliwych, że znalazło kogoś, kto chce im pomagać.

Posłużmy się konkretnymi przykładami. Mężczyzna, ojciec karmelitanki, z którą Mariam będzie później we wspólnocie, umarł jako niewierzący. Do końca odmawiał przyjęcia sakramentów i jakiejkolwiek pomocy ze strony Kościoła. Był wprawdzie, w głębi serca uczciwym człowiekiem, ale jego życie nie mogło być godne naśladowania. Dlatego siostra karmelitanka obawiała się o los pośmiertny swego ojca. Tymczasem, choć ona o tym nie wiedziała, jej ojciec postanowił odwiedzić Mariam i prosić ją, by się za niego modliła, ponieważ cierpi w czyśćcu. Opowiedział jej, że pomimo jego kategorycznej odmowy przyjęcia przed śmiercią sakramentów, w ostatniej chwili, już w czasie śmierci klinicznej ujrzał światło. Dzięki temu światłu przeżył skruchę i uniknął piekła.

Mariam tłumaczyła, że nigdy nie można przewidzieć ostatecznego losu duszy, gdyż jedynie Bóg widzi głębię serca w chwili śmierci. W tym momencie Bóg daje swe łaski w obfitości, by dusza się nawróciła i zwróciła się ku Niemu, by ostatecznie wybrała światło. Bardziej niż kiedykolwiek, trzeba nam się wtedy modlić, trzeba się wstawiać za te dusze.

Mężczyzna ten tłumaczył Mariam, że mógł zostać zbawiony dzięki owej chwili skruchy. Ale ponieważ cierpiał w czyśćcu, przychodzi prosić o modlitwy. Mariam więc opowiedziała wszystko m. Eliaszy, która była karmelitanką, córką tego mężczyzny. Matka Eliasza zawołała: „Ależ to niesamowita historia! Jeśli to, co mówisz, pochodzi od Pana, powiedz jak mój ojciec ma na imię". Mariam odpowiedziała: „Ma na imię Reuch". Faktycznie było to imię ojca m. Eliaszy, którego nikt nie znał. W ten sposób Karmel otrzymał dowód, że Mariam rzeczywiście odwiedził ten człowiek z czyśćca. Poprosił, żeby odprawiono za niego kilka mszy świętych i odmówiono nowenny. Tak też się stało. Pod koniec tych nowenn i mszy świętych przybył odwiedzić Mariam i powiedział jej: „Udało się, wszedłem teraz do nieba".

MONETA PIĘCIOFRANKOWA, KTÓRA DROGO KOSZTOWAŁA

Oto inny przykład. Przyszła do Mariam dusza zakonnicy, pogrążonej w głębokich cierpieniach czyśćca. Wytłumaczyła jej, dlaczego tak się stało: „Na ziemi żyłam we wspólnocie zakonnej. Kiedyś schowałam w pewnym miejscu w tajemnicy monetę pięciofrankową, na wypadek, gdyby wspólnota znalazła się w tarapatach, albo gdyby czegoś jej brakowało i zrobiłam to bez wiedzy przełożonych. Aż do końca nie chciałam tego wyjawić".

W przypadku tej zakonnicy chodziło nie tylko o zatajenie prawdy, ale też o brak ubóstwa, które ślubowała. Ślubowała wszak całkowite oderwanie. Poza tym była jeszcze zatwardziałość serca, gdyż nawet na łożu śmierci nie chciała wyznać swego błędu. Była już bardzo długo w czyśćcu i prosiła Mariam o modlitwy. A najbardziej niezwykłe, że wytłumaczyła jej, gdzie schowała ową pięciofrankową monetę (w owych czasach była to spora suma pieniędzy). Siostry zaczęły szukać i znalazły ją dokładnie tam, gdzie mówiła.

Przez tak konkretne historie Pan uczył Mariam. Zdała sobie wtedy sprawę w jak opłakanym stanie niektóre dusze stają przed Bogiem, całe jeszcze zniewolone, jeszcze przywiązane do dobrowolnych grzechów, czy pewnych słabości.

SPUSTOSZENIE, JAKIEGO DOKONUJE GORYCZ

Inny, bardzo pouczający przykład. Tym razem znowu chodzi o zakonnicę. Zanim wstąpiła do zakonu pochodziła z bardzo bogatej rodziny, która posiadała wielkie dobra. Natomiast jej wspólnota zakonna była biedna. Siostra ta była bardzo ambitna i chciała zostać przeoryszą. Ponieważ nie została wybrana przez swoje siostry, postanowiła się na nich zemścić. W chwili, gdy musiała zdecydować, co stanie się z jej dobrami, zamiast przeznaczyć je wspólnocie, która ich bardzo potrzebowała, sprawiła, że pozostały w jej bogatej rodzinie.

Zrobiła tak, nie tyle z miłości do rodziny, co z żalu, że nie została przeoryszą. W ciągu lat mogła wyzbyć się żalu i poprosić o przebaczenie, ale zachowała tę gorycz przez całe swoje życie zakonne i umarła w poczuciu zranionej miłości własnej, bez skruchy za wcześniejsze postępowanie. Cierpiała w czyśćcu z tego powodu i pewnego dnia przyszła do Mariam prosić ją o pomoc i modlitwy o uwolnienie.

Jeszcze inny przykład, znowu dotyczący zakonnicy. W ciągu życia uchodziła w oczach sióstr za świętą. Ponieważ uważano ją za świętą, nie bardzo się modlono o zbawienie jej duszy. Tymczasem najgorsza przysługa, jaką można zrobić komuś zmarłemu, to zbyt szybko go kanonizować, pozbawiając tym samym pomocy, z której by mógł korzystać. Siostra ta przyszła prosić o pomoc Mariam, tłumacząc jej, że pod pozorami świętości, w sekrecie nastawiała siostry przeciw przełożonym. Umarła zbuntowana przeciw przełożonym. Powiedziała Mariam: „Ten, kto się buntuje przeciw przełożonym, buntuje się przeciw Bogu". Z głębokości czyśćca

I. MAŁA ARABKA

przychodziła błagać o pomoc. Tak łatwo przecież byłoby jej się ukorzyć przed śmiercią!

Inny przykład. Pewna kobieta powiedziała Mariam, że była bardzo blisko piekła. Ale została uratowana jedynie dzięki modlitwie swoich dzieci i oczywiście Bożemu Miłosierdziu. Jej dzieci dużo się za nią modliły i dzięki ich wstawiennictwu uniknęła wiecznego oddzielenia od Boga, inaczej mówiąc, uniknęła piekła. Wytłumaczyła Mariam, dlaczego bez nich znalazłaby się w piekle; rzecz była w tym, że w ciągu całego swego życia usiłowała spełniać wyłącznie swoją wolę.

Kolejny przykład. Pewna dusza z czyśćca przychodzi odnaleźć Mariam. Kobieta ta miała życie dość przeciętne, w swych uczuciach wobec Pana była letnia, prawie obojętna. Chciała wyrazić swą radość, gdyż właśnie opuściła czyściec i weszła do nieba. Jak to się dokonało? Okazuje się, że kiedyś złożyła dużą ofiarę na Kościół, a dokładnie na budowę pewnej bazyliki. I otóż dokładnie w dniu poświęcenia tej bazyliki mogła opuścić czyściec i wejść do nieba. Pan pamiętał o jej hojnym darze.

WSPANIAŁE POCHODZENIE, WSPANIAŁE PRZEZNACZENIE

Możliwe, że niektórzy powiedzą; ależ dziwne te historie, niebo, czyściec, piekło… Czy jesteśmy w średniowieczu? Mamy to już przecież dawno za sobą!

Po pierwsze, nie należy łączyć czyśćca z pojęciem kary ze strony Boga. Bóg jest jedynie miłosierdziem i miłością i to właśnie miłosierdzie stworzyło czyściec.

Ale powróćmy do początków: zostaliśmy stworzeni przez Boga, aby wejść z Nim w bliską, najczystszą relację miłości.

Czas na ziemi jest nam dany właśnie po to, by pracować nad nawróceniem, by pracować dla królestwa i wzrastać w tej więzi miłości. Tymczasem najczęściej zajmujemy się wieloma innymi sprawami i zapominamy, że mamy duszę nieśmiertelną. Jak mówi Gospa w Medziugorje: „Zajmujecie się wieloma rzeczami, a na końcu duszą". Opóźniamy więc swe oczyszczenie, podczas gdy Bóg ze swej strony daje nam na ziemi wszelkie potrzebne okazje, by być wystarczająco czystymi, gdy przed Nim staniemy.

Święty Jan od Krzyża mówi nam, że jeśli zaakceptujemy wszystkie okazje, jakie Bóg daje nam na ziemi, by nas oczyścić, doświadczenia a nawet pokuty, do jakich daje nam natchnienie, jeśli to wszystko przyjmujemy z wdzięcznością, a nie z goryczą i ofiarowujemy to wszystko Panu, to idziemy prosto do nieba. Gdyż te dane nam próby zastępują czyściec. Bóg daje każdej duszy wystarczająco wiele łask, by mogła pójść prosto do nieba.

DLACZEGO NIEWIELE DUSZ IDZIE PROSTO DO NIEBA?

Ponieważ narzekamy, żalimy się, złorzeczymy, buntujemy się przeciw Panu. Nie jesteśmy zadowoleni, odrzucamy krzyż.

Czasami, nawet w obliczu doświadczeń, bluźnimy. Zajmujemy się innymi sprawami, niż chwała Boża, mamy inne cele. Kiedy więc przychodzi godzina śmierci, nie jesteśmy przygotowani, straciliśmy okazję! Otóż, w swym nieskończonym miłosierdziu Pan darowuje nam dodatkowy czas, rodzaj zwłoki, nową okazję, byśmy mogli się oczyścić, jakby okres przejściowy pomiędzy ziemią a niebem, i to jest czyściec.

To, co oczyszcza nas w czyśćcu, to nie kara Boża czy

I. MAŁA ARABKA

cierpienie samo w sobie. Oczyszcza nas miłość. Ogień miłości. Każdy człowiek widzi w chwili śmierci Boga. Z miłości ogarnia duszę ogromny ból, że tak mało kochała Go na ziemi. To właśnie cierpienie obmywa ją z grzechów. Jest to miłosne cierpienie, miłosne pragnienie. Czyściec jest miejscem wielkiej miłości. Dusze, które tam są, za nic w świecie nie chciałyby wrócić na ziemię. Dusze czyśćcowe są szczęśliwe, dlatego, że zostały zbawione, są pewne swego wiecznego szczęścia. Nie tylko widziały Boga, ale wiedzą, że będą z Nim na zawsze i ta pewność jest ich radością pośród cierpień. Jednocześnie czyściec jest czarną nocą, gdyż ujrzawszy Boga, dusze teraz Go nie widzą i brak tego widzenia niezwykle boli, bardziej niż najgorsze cierpienia fizyczne na ziemi – według mistyków. Nie widzieć Go, choćby przez określony czas, jest torturą. Ludzie bardzo zakochani mogą to odrobinę zrozumieć. Nie widzieć ukochanej istoty, gdy zakosztowało się jej jedynej miłości, jest dla serca agonią.

Potrzebne nam są osoby takie jak Mariam, Katarzyna ze Sieny, Siostra Faustyna, potrzebni nam są uprzywilejowani świadkowie Boga, którzy przyjęli niezwykłe wizyty z tamtego świata, by nam przypominać, że dusze czyśćcowe gorąco oczekują naszych modlitw. Rzeczywiście swoimi modlitwami możemy przyspieszyć zakończenie tego cierpienia osób, które są nam drogie, tych którzy nas poprzedzili. Wystarczy np. ofiarować godzinę adoracji Najświętszego Sakramentu albo zamówić Mszę Świętą, żeby jakaś dusza została uwolniona z czyśćca. Vicka Ivanković, widząca z Medziugorje, widziała czyściec. Powiedziała mi: „Gdybyś zobaczyła raz jeden te cierpiące dusze, nie potrafiłabyś przeżyć choć jednego dnia bez modlitwy za nie. Chciałabym opróżnić czyściec". To zdanie przypomina wołanie Jana Pawła II z jego adhortacji na święty rok 2000: „Naszymi modlitwami mamy moc przyśpieszyć szczęście wieczne tych, którzy są nam drodzy i wszystkich dusz, które tak gorąco wyczekują nieba".

Mariam, w swym wielkim współczuciu wobec cierpiących, dobrze korzystała z tej mocy. Aż do swego ostatniego tchnienia. A dziś, z wysokości nieba, możemy z pewnością powiedzieć, że jej wstawiennictwo stało się jeszcze mocniejsze, dlaczego nie skorzystać z tego i nie dać korzyści Kościołowi?

MARIAM W MARSYLII

Powróćmy teraz do historii życia Mariam. Odnajdujemy ją, gdy ma 19 lat, w Marsylii u sióstr św. Józefa. Została pomocą kuchenną, odpowiedzialną za najprostsze, a jednocześnie najcięższe prace. Pan zezwolił, by pracowała w kuchni z siostrą szczególnie nieuprzejmą. Pozwalała ona odczuć Mariam swą władzę, upokarzała ją na wiele sposobów i fałszywie oskarżała. Mariam zachowywała się jak wzór cierpliwości, przebaczenia, miłości. Usuwała się w cień.

STYGMATY

W tym czasie na jej ciele pojawiły się stygmaty. Chciałabym tu jedną rzecz podkreślić, Mariam otrzymała stygmaty w czasie modlitwy, gdy trzymała w dłoni obrazek Jezusa Ukrzyżowanego. Modliła się patrząc na ten obrazek, pełna współczucia i miłości do Jezusa, który cierpiał na krzyżu. Wówczas Jezus pozwolił, by Jego własne rany odcisnęły się na ciele Mariam. Zwracam uwagę na tę wewnętrzną postawę

I. MAŁA ARABKA 37

współczucia Mariam. Stygmaty są niezwykłymi znakami głębokiego życia mistycznego. Ale życie mistyczne nie polega na tych niezwykłych, widzialnych zjawiskach. Polega na zjednoczeniu duszy z Panem.

Niektórzy wielcy mistycy pozostają ukryci przed ludźmi. Pan chowa ich przed ludzkimi spojrzeniami. Ich dusza jest głęboko zjednoczona z Jego duszą, ale nie widać żadnych niezwykłych i widocznych znaków. Jeśli chodzi o Mariam, nade wszystko jej serce było zjednoczone z Sercem Pana. Jezus jednak zechciał odcisnąć te zewnętrzne znaki na ciele swej oblubienicy, by ukazać zjednoczenie swego Serca z jej sercem.

PRZEBICIE SERCA

W ciągu całego życia najważniejsze jest w Mariam to właśnie zjednoczenie jej serca z Chrystusem. Krótko po otrzymaniu stygmatów przeżyła doświadczenie, które nazywa się „przebiciem serca". Przeżyli je niektórzy święci, na przykład Teresa z Avila czy św. Katarzyna ze Sieny. Jezus sam przychodzi przebić serce swego ucznia, odciskając w nim ranę swego serca. Odtąd już nie serce ucznia bije w jego piersi, lecz Serce samego Jezusa. Jeśli chodzi o Mariam, miłość, która płonęła w jej sercu pochodziła naprawdę z Serca Jezusa.

Z tego źródła miłości wypływa wszystko inne. Mariam ma stygmaty, coraz też częściej będzie przeżywała to, co się nazywa ekstazami.

EKSTAZY

Wedle świadectwa sióstr z Karmelu w Betlejem Mariam spędzała godziny, a czasem całe dnie w ekstazie, rozmawiając z Panem, kontemplując Go w sercu świata, w duszach, w niebie, wszędzie tam, gdzie jest obecny. W tych chwilach jednoczyła się z Jego cierpieniami, z Jego pragnieniami, z Jego modlitwami, wyłączona z otaczającego ją na zewnątrz świata. Pan pozwalał też, by nie była świadoma wielu tych zewnętrznych, mistycznych zjawisk. Za każdym razem, gdy była zmuszona je zauważyć, na przykład gdy spędzała trzy godziny w ekstazie i opuściła godzinę liturgiczną, rekreację albo posiłek, była tym bardzo zmieszana i robiła wszystko, żeby to ukryć. Kiedy musiała wytłumaczyć swoją nieobecność, nie mówiła „byłam w ekstazie", ale „spałam" i prosiła matkę przełożoną, by „nie pozwalała jej zasnąć". To znaczy, by „nie pozwalała jej wpaść w ekstazę". Była bardzo zmieszana, a nawet upokorzona, że musi zachowywać się inaczej od reszty sióstr. Ta pokora jest oznaką autentyczności jej przeżyć mistycznych, prawości jej serca.

Gdy nadszedł dzień obłóczyn u sióstr św. Józefa, Mariam zdecydowała, że nie może przyjąć habitu. Przełożone uważały, że takie przeżycia mistyczne nie pasują do powołania apostolskiego sióstr św. Józefa. Była w pewnym sensie zbyt mistyczna. Rada sióstr zdecydowała, by jej nie zatrzymywać, lecz zaproponować zgromadzenie bardziej kontemplacyjne.

I. MAŁA ARABKA

KARMEL W PAU

Mariam ma 20 lat, gdy opuszcza siostry św. Józefa i wstępuje do Karmelu w Pau (koło Lourdes) we Francji. Od razu po przyjeździe do tego Karmelu czuje się jak ryba w wodzie. Bardzo sobie ceni klauzurę, ciszę umartwienia i pokory, wszystkie praktyki związane z posłuszeństwem, które zajmują tu tak ważne miejsce.

Bardzo szybko odczuwa w głębi serca w jak wielkim stopniu powołanie do Karmelu jej odpowiada. Próbuje być, jak to się wówczas mówiło, „siostrą chórową". Ale nie ma żadnego wykształcenia, nie jest w stanie nauczyć się liturgii, czytania, pisania, studiowania. Jest zdolna, by śpiewać oficjum i w końcu zostaje, jak mówiono „siostrą konwerską". Siostra konwerska, inaczej zwana „kołową", zajmuje się furtą i kontaktem ze światem zewnętrznym. Mariam będzie przyjmowała na furcie i w rozmównicy najróżniejszych ludzi, będzie robiła zakupy, zajmowała się sprawami materialnymi Karmelu, różnymi naprawami itd. Będzie trochę jak Anioł Stróż, sługa Karmelu.

Właśnie w Karmelu w Pau będzie miało miejsce bardzo ważne wydarzenie w jej życiu. Mariam będzie musiała spotkać w sposób szczególny, osobiście, Złego.

POWSTANIE KARMELU W MANGALORE

Siostry z Karmelu w Pau postanawiają założyć Karmel w Indiach. Prosi o to biskup Marie Epirem, ojciec karmelita, którego diecezja leży w Indiach. Mariam, teraz siostra Maria od Jezusa Ukrzyżowanego jest wśród osób, które mają tam wyruszyć. Podróż jest bardzo, bardzo ciężka i trzy siostry jej nie przetrzymają. W tamtych czasach taka podróż zajmowała miesiące. By udać się do tak odległego kraju, należało liczyć się z ryzykiem głodu, chorób, epidemii, rozbicia okrętu itd. Mariam ominęły wszystkie te nieszczęścia i znalazła się wśród tych sióstr, które założyły Karmel w Mangalore. W Mangalore złożyła śluby wieczyste.

WEWNĘTRZNE MĘCZEŃSTWO

W tym też Karmelu młoda profeska przeżyje straszliwą próbę. W Karmelu w Pau cieszyła się miłością sióstr i ich szacunkiem, tu jednak, w Mangalore Pan miał wobec niej inne plany. Pozwolił, by przeżyła ogromne cierpienie, podobne do tego, jakie Jego spotkało na ziemi: ból odrzucenia przez swoich, a szczególnie przez starszych swojej religii.

Wyobraźcie sobie Jezusa oskarżonego o bluźnierstwo przez najwyższych kapłanów i cały Sanhedryn! Wyobraźcie sobie Jezusa wykluczonego ze społeczności i skazanego na śmierć. Siostra Maria od Jezusa Ukrzyżowanego, której imię wskazuje na szczególną więź z męką Chrystusa, weszła w to wewnętrzne męczeństwo. Było ono związane z jej powołaniem. Przeszła tę samą próbę. Została wygnana, wyłączona ze wspólnoty, odrzucona, jakby wymazana z księgi życia.

W przeciągu kilku miesięcy cała wspólnota, przeorysza, ojciec duchowy Mariam, ale także biskup miejsca, wszyscy oni stwierdzili, że siostra Maria od Jezusa Ukrzyżowanego żyje w duchowej iluzji i że jej słowa pochodzą od Złego. Byli szczerze przekonani, że działał przez nią szatan. Została odesłana z Karmelu w Mangalore niczym zadżumiona!

I. MAŁA ARABKA

W KOŃCU PRZYSZŁO ŚWIATŁO

Trzeba dodać, że w głębi swego serca, w najciemniejszych godzinach, Mariam trwała w głębokim pokoju. Powróciła do Karmelu w Pau. Po tej próbie, którą zniosła heroicznie, wiatr zmieni kierunek, tym razem zacznie wiać z dobrej strony. Pan, który pozwolił na to przejściowe zaślepienie jej przełożonych, powoduje, by w końcu pojawiło się światło. Przeorysza Karmelu w Mangalore zostaje oświecona przez Ducha Świętego. Pisze list do Karmelu w Pau i do samej siostry Marii od Jezusa Ukrzyżowanego i prosi o przebaczenie. Pokornie przyznaje, że się myliła, że miała dobre intencje, ale była zaślepiona. Odwołuje wszystkie złe sądy wypowiedziane przeciw Mariam. Tak więc wreszcie prawda triumfuje. Mariam zostaje zrehabilitowana, może żyć spokojnie w swym Karmelu w Pau, otoczona miłością przez siostry i całą wspólnotę.

Pan dopuścił to doświadczenie na Mariam, by ją wypróbować i aby dzięki niemu wzrosła. Chciał ją zjednoczyć ze sobą i z tym, przez co sam przeszedł. Chciał umocnić swą małą oblubienicę i przygotować ją do innego dzieła. Tak, do założenia Karmelu w miejscu, które sam jej podpowie.

PLANY WYRYSOWANE W NIEBIE?

Mariam otrzymuje natchnienie, by założyć dwa Karmele w Palestynie. Rzecz przedziwna! Pod koniec XIX wieku Palestyna jest pod panowaniem tureckim i absolutnie nie można sobie wyobrazić zgody na powstanie tam klasztoru kontemplacyjnego. Nie ma w ogóle takiej możliwości. Ale Mariam otrzymuje bardzo wyraźne natchnienie od Pana Jezusa, by założyć dwa Karmele, jeden w Betlejem, drugi w Nazarecie. Pan precyzuje: „W kolebce mego ojca Dawida". Ma miejsce coś jedynego w swym rodzaju: Jezus wchodzi do celi Mariam i wkłada w jej ręce plany klasztoru w Betlejem, który ona ma założyć. Plany wyrysowane w niebie! To bardzo piękna scena. Będzie się powtarzała siedem razy. Jezus pojawia się w celi Mariam, przynosi jej projekty klasztoru i tłumaczy, jak go zbudować. Tłumaczy też jak uzyskać zgodę w Rzymie, jak uprzedzić patriarchę. Otrzymanie tych zgód wymaga kolejnych cudów. Siedem razy Jezus przychodzi i od nowa wręcza Mariam plany Karmelu, ale ona w wielkiej swej pokorze jest tak zmieszana, że Pan wyznaczył jej taką rolę, że chowa plany do szuflady i nie ośmiela się nikomu pokazać.

Ale Jezus powraca do tej sprawy. Po raz siódmy zjawia się w jej celi, znowu dając jej projekt architektoniczny. Gdy znika, a Mariam trzyma jeszcze dokumenty w ręku, do celi wchodzi przeorysza i pyta: „Co to takiego?" Mariam zostaje „przyłapana na gorącym uczynku" i musi wyjaśnić dokładnie wszystko co się stało i opowiedzieć, w jaki sposób Jezus poprosił ją o założenie Karmelu i pokazać jak ten Karmel ma wyglądać.

WIEŻA OBRONNA

Mariam zostaje więc wysłana wraz z kilkoma siostrami do Ziemi Świętej, by założyć tam Karmel. Chcę dodać, że dzisiaj nadal ten Karmel w Betlejem istnieje. Byłam tam kilka razy. Został zbudowany jak wieża obronna, niczym duża forteca. Pan wyjaśnił powód: miało to być miejsce walki, miejsce, w którym siostry miały walczyć przeciw mocom Złego, by

I. MAŁA ARABKA

odnieść zwycięstwo. Miały walczyć w imieniu wszystkich dusz powierzonych mistycznie modlitwie Karmelu. Stąd forma cytadeli, wieży obronnej, jeśli można tak powiedzieć, z grubymi, bardzo wysokimi murami, przywodząca na myśl powołanie sióstr. W czasie podróży do Izraela trzeba pamiętać, by koniecznie zobaczyć ten Karmel.

Jak Pan wskazał, Karmel zostaje zbudowany dokładnie w miejscu, w którym Dawid pasł owce. W podziemiach budynku można zobaczyć grotę, miejsce, w którym prorok Samuel namaścił Dawida świętym olejem na króla Izraela. Jest to miejsce szczególnych łask błogosławieństw. Miejsce to znajduje się na zboczu wzgórza. Jezus powiedział Mariam, że jest to również miejsce, w którym Jego rodzice, Józef i Maryja zatrzymali się na chwilę i modlili się, pragnąc odpocząć przed zejściem do miasta i szukaniem gospody, w której mogłoby narodzić się ich Dziecko.

W tej zwyczajnej z pozoru dolinie rzeczywiście spotyka się Nowy i Stary Testament. Jezus obiecał Mariam, że zachowa ten Karmel aż do swego przyjścia w Chwale. Niewiele klasztorów otrzymało z nieba takie zapewnienie! Wiedząc o tym, dokładnie obejrzałam ten budynek. Jest solidny, mocny, z mocnymi fundamentami, nietknięty, choć stoi od ponad wieku.

Zadawałam sobie pytanie, jak długo jeszcze postoi? Z całą pewnością długo! Jest to dzieło przeznaczone do długiego trwania, zaprojektowane przez boskiego architekta i zbudowane przez świętą.

JEZUS I MARIAM WSPÓŁPRACUJĄ PRZY BUDOWIE

Przy budowie klasztoru frapująca jest prostota, z jaką Pan wskazuje na każdy detal. Wyraźnie powiedział Mariam, że ten Karmel ma być ubogi. Przeorysza, którą poznałam w 1983 roku powiedziała mi, że jest on zbyt mały, że brakuje miejsca. Myślę, że Jezus uczynił tak specjalnie, żeby siostry dzieliły Jego ubóstwo na ziemi. Łuki są bardzo łagodne, bardzo spokojne. Wszystkie drzwi są dość niskie i sklepione jak w pierwszym wieku naszej ery, takie jakie znał Jezus, jakie tworzył własnymi rękoma jako cieśla. Proporcje oddychają harmonią.

Mariam kierowała pracami po mistrzowsku i gdy tylko arabscy robotnicy dawali jakieś ozdoby (Arabowie kochają ornamenty) z jednej czy z drugiej strony, Pan odnajdywał Mariam i mówił jej: „Dodali gzyms w tym miejscu, spraw, żeby go zlikwidowali". Jezus był bardzo stanowczy w tym, co dotyczyło realizacji projektu. Wzruszająca jest ta współpraca Jezusa i Mariam, niepowtarzalna! Wchodzenie do tego Karmelu jest wzruszające, gdy uświadomimy sobie, że to sam Jezus go zaprojektował. Można w nim odnaleźć pewien styl czy też gust Jezusa.

Również kaplica sióstr wywarła na mnie duże wrażenie. Na przykład dolne framugi okien znajdują się ponad głowami stojącej osoby. Tutaj też widzimy przesłanie Jezusa: Karmelitanka w modlitwie ma widzieć jedynie niebo! Nie widać ani drzew, ani domów, ani nawet okolicznych wzgórz, widać wyłącznie niebo. Karmelitanka w swej modlitwie powinna zajmować się jedynie sprawami nieba i przez swoje życie modlitwą powinna prowadzić świat ku niebu. Cały ten Karmel jest tak zaprojektowany. Można w nim znaleźć źródło istotnej nauki.

I. MAŁA ARABKA

ZOSTAŁO JEJ NIEWIELE CZASU

Siostra Maria od Jezusa Ukrzyżowanego przez około trzy lata mieszka w Betlejem i zajmuje się budową klasztoru. Później zostaje w nim i wiedzie tam życie naznaczone ofiarami i wstawiennictwem za świat, pośród wielkich radości i wielkiego cierpienia, zjednoczona z Chrystusem. Żyje w pokoju. Jest znana ze swego impulsywnego charakteru. Znana jest też z tego, że potrafi znaleźć słowa otuchy i nadziei, których jej siostry potrzebują i to nawet pośród największych trudności. Promienieje!

Tymczasem jednak zostaje jej niewiele czasu. Wedle tego co sama przewidziała, ginie w wieku 33 lat. Pewnego dnia, podczas prac, które wykonuje dla klasztoru, spada z niewielkich schodów. Ma poważnie zranione ramię, wdaje się gangrena, choroba nieuleczalna pod koniec XIX wieku. I nasza droga Mariam umiera z powodu tej gangreny. Osłabiona wcześniejszym wyczerpaniem i wieloma niedomaganiami fizycznymi, które znosiła w ciągu swego krótkiego życia. Umiera głosząc miłosierdzie Boże. Powiedzmy raczej, że rodzi się dla nieba! Dodajmy, że stało się to 26 sierpnia 1878 roku, krótko przed narodzinami innej wielkiej karmelitanki, Małej Teresy od Dzieciątka Jezus.

II. MARIAM PROROKINI

Zatrzymajmy się teraz nad głównymi punktami przesłania Mariam, gdyż jest to cenne światło dla naszych czasów. Pan pozwolił, by przez sto lat przesłanie to pozostawało w cieniu i nie przez przypadek wychodzi ono na światło dzienne właśnie teraz. Nasze pokolenie potrzebuje go bardziej niż kiedykolwiek.

Nie mogę się powstrzymać, by nie zacząć od przesłania, które Mariam kieruje w pierwszym rzędzie do Kościoła, a dotyczy ono Ducha Świętego. Wiemy, że w XIX wieku kult Ducha Świętego nie odgrywał w Kościele katolickim szczególnie dużej roli. Tymczasem Mariam żyła Duchem Świętym.

PRZYJDŹ, MOJA POCIECHO!

Wedle świadectwa sióstr miała niezwykłą pobożność do Ducha Świętego. Stale odmawiała tę modlitwę: „Duchu Święty, natchnij mnie. Miłości Boża, pochłoń mnie. Drogą prawdy prowadź mnie! Maryjo, Matko moja, spojrzyj na mnie. Z Jezusem błogosław mnie! Od wszelkiego zła, od wszelkiej iluzji, od wszelkiego niebezpieczeństwa zachowaj mnie!"

Mariam wzywała Ducha Świętego wszędzie i w każdych okolicznościach, wzywała Go z całego serca. Gdy tylko musiała podjąć jakąś decyzję, jakąś inicjatywę, dokonać wyboru, gdy tylko musiała rozwiązać jakiś problem – wzywała Ducha Świętego. Zapraszała Go do każdej sprawy.

Wołała Go jak dziecko: „Przyjdź moja radości! Przyjdź mój pokoju! Moja siło, moje światło przyjdź, oświeć mnie, bym znalazła źródło, w którym ugaszę pragnienie!" Wzywała Go bez przerwy, żyła naprawdę dzięki Niemu i z Nim. Trzeba powiedzieć, że Mariam miała bardzo wyraźną świadomość bycia najmniej wiedzącą ze wszystkich, do tego stopnia, że czuła się całkowicie zależna od światła Ducha Świętego. Bez Ducha Świętego, który oświecał ją na temat Jezusa i tajemnic wiary, niczego nie mogła poznać, dlatego wzywała Go niestrudzenie. Mówiła: „Duchu Święty niczego mi nie odmawiaj, Duchu Święty, niczego mi nie odmawiaj!"

DUCH ŚWIĘTY NICZEGO MI NIE ODMAWIA

W ten sposób mówi całemu Kościołowi, jak żyć z Ducha Świętego. Pewnego dnia otrzymała od Pana Jezusa orędzie bardzo szczegółowe, skierowane do całego Kościoła.

Oto treść orędzia, które Mariam nam przekazała: „Ktokolwiek wzywa Ducha Świętego, Mnie szuka i Mnie znajdzie. Jego sumienie będzie delikatne jak kwiaty polne. Jeśli jest to ojciec lub matka rodziny, w tej rodzinie będzie panował pokój, jego serce będzie w pokoju na tym świecie i na tamtym. Nie umrze w ciemnościach lecz w pokoju".

A oto fragment orędzia przeznaczonego dla kapłanów: „Gorąco pragnę, żeby kapłani odprawiali raz w miesiącu

II. MARIAM PROROKINI

Mszę Świętą ku czci Ducha Świętego. Ktokolwiek ją odprawi lub będzie w niej uczestniczyć, zostanie obdarowany przez samego Ducha Świętego. Będzie miał światło, będzie miał pokój, będzie uzdrawiał chorych, obudzi tych, którzy śpią".

Zwracam uwagę na to orędzie. Rozmawiałam z wieloma kapłanami i ci, których poruszyło owo orędzie świadczą, że ta praktyka, o którą prosił Jezus rzeczywiście odmieniła ich życie modlitwy i całe ich życie kapłańskie.

Jakież to wspaniałe orędzie! Jakaż wspaniała obietnica Jezusa! Mariam pójdzie ją przekazać swemu biskupowi, prosząc go, w imieniu Pana, by przekazał ją Ojcu Świętemu, którym w tym czasie był Pius XI.

NIKT MI NIE UWIERZY

Zasygnalizujmy tutaj interesujący fakt. U progu XX wieku, w nocy z 31 grudnia na 1 stycznia 1900 roku, krótko po śmierci Mariam, papież Leon XIII poświęcił cały Kościół Duchowi Świętemu. Mamy prawo uważać, że wśród innych motywów Leona XIII odegrała też rolę modlitwa Mariam i prośba skierowana do Rzymu.

Gdy Jezus zwrócił się do Mariam z tym orędziem, ona odpowiedziała: „Ależ Panie, co ja mogę zrobić, nikt mi nie uwierzy!" Na to Pan ją zapewnił: „Kiedy przyjdzie czas, ja sam będę działał i ty nie będziesz potrzebna".

Siostra Mariam od Jezusa Ukrzyżowanego była poruszona tym, że łaska ta jest dana wszystkim duszom, łaska otwierania się na natchnienie Ducha Świętego. Lubiła powtarzać: „Mamy Ducha Świętego!" Zawsze martwiło ją to, że świat, a nawet niektórzy chrześcijanie, w tym duchowni, żyją tak, jakby Duch Święty nie istniał.

Mówiła o wspólnotach zakonnych, w których dostrzegała braki i ból, jaki one sprawiają Panu: „Świat i wspólnoty zakonne szukają nowych form pobożności i pomijają prawdziwą pobożność do Ducha Świętego. Stąd pochodzą błędy, podziały, brak pokoju i światła". Podkreślała, że wspólnoty i chrześcijanie zbyt słabo wzywają Boskiej Światłości, nie tak jak powinna być ona wzywana. Tymczasem, mówiła: „Światło Ducha Świętego daje nam poznać prawdę. Nawet w seminariach pomija się kult Ducha Świętego". Ciekawe, co Mariam powiedziałaby dzisiaj, gdyby mogła odwiedzić seminaria…

Ten zasadniczy brak był dla niej źródłem dużego cierpienia. Każdego dnia doświadczała, że żyjąc w bliskości Ducha Świętego ma się wszystko, czego trzeba, by żyć w światłości. Nigdy nie rozumiała, jak można przejść obojętnie wobec takiego daru Boga.

DLACZEGO ŚWIAT POZOSTAJE W CIEMNOŚCI?

Mówiła też: „Królują prześladowania, pośród wspólnot zakonnych króluje zazdrość i to dlatego świat jest w ciemności", gdyż zakony, osoby konsekrowane, księża są właśnie tymi, którzy zostali wezwani, by przyciągać Ducha Świętego na ziemię. Ciąży na nich wielka odpowiedzialność. Jeśli oni nie wzywają Ducha Świętego, wówczas cały świat pozostaje pogrążony w ciemnościach. Już wtedy Mariam miała przeczucie, że sprawy będą w przyszłości szły w coraz gorszym kierunku. Pan objawił jej, że jest dużo złych rzeczy w zakonach i wśród księży i że to przyciąga nad cały świat ciemności. Mówiąc o duszach, które

II. MARIAM PROROKINI

nie znają Boga, Jezus powiedział jej, że dusze te są pogrążone w ciemnościach z powodu błędów zakonów i księży. Mariam cierpiała niezwykle w jedności z Chrystusem.

Mówiła: „Każda osoba, w świecie czy w zakonach, która będzie wzywać Ducha Świętego i będzie mieć tę pobożność, nie umrze w ciemności". W naszym wieku, gdy tak wiele osób nie wie już do jakiego świętego się zwracać i istnieje tak wielkie pomieszanie duchowe w wielu dziedzinach, Mariam wskazuje nam bardzo proste rozwiązanie, które otrzymała od Pana w Jego Ewangelii: „Paraklet was wszystkiego nauczy i przypomni wam wszystko, co wam powiedziałem" (J 14,26). Nie ma tysiąca rozwiązań, to Duch Święty was oświeci. Otrzymaliście Go w czasie Pięćdziesiątnicy.

Mówiąc o księżach Mariam wyraża wielką nadzieję: „Każdy ksiądz, który będzie uczył tej pobożności, otrzyma światło, gdy będzie mówił do innych". Jakże cenne słowa!

UDAREMNIĆ ZASADZKI SZATANA

Inny punkt przesłania Mariam wydaje mi się bardzo ważny, gdyż dotyczy sposobu działania szatana, o którym nasz świat często milczy. Żeby jednak odnieść zwycięstwo w walce duchowej, trzeba koniecznie nie tylko wiedzieć, kim jest przeciwnik, ale również poznać jego taktykę i metody działania. To nam pomoże odnaleźć odpowiednią broń, by go zwyciężyć. Znalazłam to świadectwo w książce ojca Estrate, ojca duchowego Mariam, któremu powierzała swe przeżycia.

W czasie pobytu w Karmelu w Pau, Mariam przeżyła doświadczenie podobne do tego, jakie było udziałem Hioba. Historia ta opowiedziana jest w Biblii w Księdze Hioba.

Pewnego dnia Bóg pozwolił szatanowi doświadczyć Hioba, który wielbił Pana i był jego sługą. Szatan skwapliwie zaczął więc poddawać Hioba bardzo ciężkim próbom, wypróbowywał jego wierność pozbawiając go okrutnie wszystkiego oprócz życia, by doprowadzić go do bluźnierstwa. Ale wierność Hioba wobec Boga pozostała niewzruszona i szatanowi całkowicie nie powiódł się plan zniszczenia, gdyż po tej wizycie Złego, Pan pobłogosławił Hioba siedmiokrotnie bardziej niż wcześniej, obdarzając go liczną rodziną i wielkimi dobrami.

To samo szatan zrobił, gdy chodzi o Mariam. Stanął przed Bogiem i otrzymał od Niego pozwolenie doświadczenia jej bardzo ciężko, kuszenia jej i wręcz „opętania" przez 40 dni. Na szczęście mamy opis tej próby dzięki świadkom obecnym przy Mariam w tych dniach. Opisy te są niezwykle cenne, gdyż Pan zezwolił, aby Zły odsłonił sposób postępowania. Poruszająca historia.

PRÓBA CZTERDZIESTODNIOWA

Tak więc szatan, a dokładnie Przeciwnik, był wściekły widząc ile dusz zabiera mu Mała Arabka (tak ją nazywał). Tysiącami wyrywała te dusze ciemnościom, by ofiarować je Bogu. Świadkowie towarzyszyli tej niezwykłej walce pomiędzy Złym a Mariam. Zły zaczął ją naprawdę torturować. Jednak ona znosiła wszystkie te cierpienia fizyczne i wewnętrzne w wielkiej wierności Bogu i na nieustającej modlitwie.

Oto kilka fragmentów dialogów usłyszanych przez siostry z Karmelu i przez księży obecnych przy Mariam w czasie tej próby.

Od początku szatan wyrażał swą wściekłość mówiąc: „Ta

II. MARIAM PROROKINI

okropna Arabka, zniszczę ją! Im jest starsza, tym bardziej moja wściekłość rośnie, szczególnie z powodu tych znaków" (tak szatan nazywał stygmaty, które Mariam nosiła na swym ciele). Pan zmusił demona, by odsłonił zasadzki, jakich używa, chcąc zgubić duszę zakonną. Dobrze uważajmy na te wyjaśnienia, gdyż mogą nam się przydać.

ILE DUSZ ZAKONNYCH ZAGARNIAMY DO NASZYCH SIECI!

Szatan zaczyna się przechwalać, mówiąc: „Proszę bardzo, doprowadziłem do zguby pewną zakonnicę w Anglii. Od dwóch dni należy do mnie. Później tłumaczył swoją taktykę, typową dla niego: „Kiedy usiłujemy zdobyć duszę poświęconą Bogu, zaczynamy kusić ją małymi rzeczami. Doprowadzamy do tego, że wierzy, iż przełożona kocha ją mniej niż inne siostry. Zaczyna zazdrościć. To doprowadza ją do pisania listów w ukryciu. Na końcu opuszcza zakon. Wiele dusz zakonnych zagarniamy w nasze sieci podsuwając im myśl, że są oceniane jako nic nie warte i że nie są kochane! Inne zdobywamy dając im pragnienie, by wszystko widzieć i wszystko wiedzieć". Szatan dorzuca słowa o ogromnym znaczeniu: „Odnieść zwycięstwo nad duszą, która wypowiedziała „trzy złe słowa" (to znaczy dla niego trzy śluby) dla nas znaczy więcej, niż zdobyć całe miasto". To tłumaczy niezwykłą korzyść, jaką Zły ma w doprowadzaniu do zguby nade wszystko dusz poświęconych Bogu.

Rzeczywiście, wymiar duchowego posłannictwa, które powierzono osobom konsekrowanym jest olbrzymi dla wszystkich innych dusz. Chciałabym tutaj wtrącić dygresję i zacytować słowa Jezusa do Mariam, które pozwalają zrozumieć lepiej tę myśl: „Jeśli w jakimś mieście całkowicie zepsutym, znajdę jedną, jedyną duszę, która jest wierna swoim ślubom, ocalę całe miasto". Widzicie jaka odpowiedzialność spoczywa na jednej duszy, która jest wierna Bogu? Nie jest to żadna nowość, gdyż jest to prawda biblijna, opisana w Księdze Rodzaju, w niezwykłym dialogu pomiędzy Bogiem a Abrahamem. Abraham wstawia się u Boga, by nie zniszczył Sodomy, tak jak zamierzył. Abraham mówi, że być może są w mieście sprawiedliwi i że Bóg nie może przecież wytracić sprawiedliwych razem z grzesznikami (RDZ 18,16-33).

Przypomnijcie sobie ten epizod opisany przez Jeremiasza, Bóg skarży się prorokowi na Jerozolimę: „Ile ma ulic Jerozolima, tyle wznieśliście ołtarzy Hańbie, ołtarzy kadzielnych dla Baala" (JR 11,13). Kilka zdań dalej Pan mówi, że gdyby znalazł w Jerozolimie jedną duszę sprawiedliwą, ocaliłby całe miasto. Nauka o kapitalnym znaczeniu dla nas! Jeśli jesteśmy wierni naszemu całkowitemu oddaniu i zaangażowaniu wobec Boga, Bóg zbawi wiele dusz, być może całe miasta!

OFIAROWAĆ SIĘ AŻ DO MĘCZEŃSTWA

Mariam dodaje słowa Pana, że „ten, kto wypełnia całkowicie Regułę, ma koronę męczeństwa". Gdyż być wiernym ślubom, być wiernym Regule wspólnoty i jej duchowi, to rzeczywiście ofiarować się aż do męczeństwa. To już jest męczeństwo w jego istocie; poprzez to męczeństwo miłości, Pan może zbawić wiele dusz. Zły dał poznać wyraźnie Mariam swoją wściekłość wobec dusz konsekrowanych i swe pragnienia, by je zgubić. W tej walce, jaką Zły podejmuje przeciwko Mariam, jego

II. MARIAM PROROKINI

celem jest doprowadzenie jej, by choć jeden raz zaczęła się skarżyć z powodu cierpień, jakie jej przez długi czas zadaje. Przyznaje otwarcie: „Chcę wyrwać z niej choć jedną skargę!" Widzicie heroizm Mariam w ciągu tych czterdziestu dni. W swej wielkiej miłości zgadza się cierpieć w jedności z Jego cierpieniami dla zbawienie dusz. Tutaj bardziej niż gdziekolwiek indziej widzimy, jak Mariam płonie miłością. Jedynie miłość, ogień miłości może pozwolić jej znieść i ofiarować wszystkie te cierpienia bez jednej skargi.

Choć Zły doświadcza ją na wszystkie sposoby w ciągu tych czterdziestu dni, nie dostaje od Mariam ani jednej skargi, nawet najmniejszej. Nie udaje mu się usłyszeć od niej: „Cierpię, nie mogę już dłużej!" Mariam jest jak oniemiała przez większość czasu tego opętania i przeciwnie, za każdym razem, gdy wraca do siebie Mariam mówi: „Panie, ofiaruję Ci wszystkie te trudy w intencji Kościoła, świętości kapłanów, za dusze w rozterce, za dusze, które giną".

BROŃ, KTÓRĄ MOŻNA POKONAĆ SZATANA

Zwycięstwa odnoszone jedno po drugim nieprzerwanie przez nowicjuszkę wyczerpywały siłę szatana, stawał się coraz bardziej niepewny. Widząc, że jest na straconej pozycji, zaczął błagać Boga, by pozwolił mu odstąpić od walki. Żałował, że zaproponował umowę i chciał przerwać zakład. Co jednak odpowiedział mu Pan? „Poprosiłeś mnie, byś mógł doświadczyć ją przez czterdzieści dni, nie odejdziesz wcześniej niż po czterdziestu dniach". Demon był zmuszony pozostać aż do końca wyznaczonego czasu, mimo że każdego dnia ponosił dotkliwe straty.

Każda obecna osoba mogła słyszeć łagodny głos Mariam: "Jednoczę się z Jezusem i Maryją, ofiaruję moje cierpienia za tych wszystkich, którzy są przeciwko Kościołowi. Mój Boże, bądź błogosławiony!" Zamiast skarżyć się, Mariam błogosławiła Boga.

Szatan nadal, na rozkaz Pana, odsłaniał Mariam i całej wspólnocie swe brudne sztuczki i opowiadał o sobie: "Trzy najpotężniejsze oręża przeciw nam to: miłość, pokora i posłuszeństwo". I dodał: "Jestem kusicielem. Sieję wszędzie podział. Robię, co chcę". Widzimy tu niebezpieczeństwo woli własnej, inaczej niż postępuje Jezus, który mówi Ojcu: "Nie moja wola, ale Twoja niech się stanie".

Inny szczegół. Pewnej siostrze obecnej przy Mariam szatan zdejmuje welon, mówiąc: "Zrywam ten welon, bo nie lubię skromności. Złości mnie".

Publicznie oskarżał Mariam za jej grzechy. Jak wiecie Zły jest Oskarżycielem (tak święty Jan nazywa go w Apokalipsie). Szatan oskarżał więc Mariam. I co ona mu odpowiedziała? "Tak, jestem wyłącznie grzechem, ale pokładam nadzieję w miłosierdziu Bożym". Wtedy diabeł krzyknął: "Małe nie zwycięży nas wszystkich, to niemożliwe!"

Mariam zauważyła, że jeśli ma moc ją torturować i na pewien czas powalić na ziemię, może robić tylko tyle, ile mu Mistrz pozwoli. Odnajdujemy tutaj dokładnie słowa Anioła Stróża wypowiedziane do Siostry Faustyny Kowalskiej czterdzieści lat później: "Kiedy się skończyło kazanie, nie czekałam na zakończenie nabożeństwa, bo mi się spieszyło do domu. Kiedy uszłam parę kroków, zastąpiło mi drogę całe mnóstwo szatanów, którzy mi grozili strasznymi mękami i dały się słyszeć głosy: "Odebrała nam wszystko, na cośmy przez tyle lat pracowali". Kiedy się ich zapytałam: "Skąd was takie

II. MARIAM PROROKINI

mnóstwo? – Odpowiedziały mi te złośliwe postacie: „Z serc ludzkich, nie męcz nas". Widząc ich straszną nienawiść do mnie prosiłam Anioła Stróża o pomoc i w jednej chwili stanęła jasna i promienna postać Anioła Stróża, który mi rzekł: „Nie lękaj się, oblubienico Pana mojego. Duchy te nie uczynią ci nic złego bez pozwolenia Jego". Natychmiast znikły złe duchy, a wierny Anioł Stróż towarzyszył mi w sposób widzialny do samego domu (Dzienniczek 418-419).

Szatan nie może uczynić nic bez pozwolenia Boga, musi się podporządkować.

ODNOSI ZWYCIĘSTWO ZA ZWYCIĘSTWEM

Pewnego dnia diabeł jest zmuszony wyjawić wszystkim powód swej porażki: „Wiecie dlaczego Mała Arabka tak mówi? Dlaczego jest tak silna? Ponieważ idzie za Mistrzem". Pamiętajmy słowa Jezusa: „Kto idzie za mną, nie będzie chodził w ciemności, lecz będzie miał światło życia" (J 8,12). Przywiązanie Mariam do Jezusa, upodobnienie się do Niego, pozwala jej z pełną pogodą ducha odnosić zwycięstwo za zwycięstwem nad szatanem. Idzie za Mistrzem, dlatego jest silna.

Wszystkie możliwe pokusy zwalczała, szatan nie miał z niej najmniejszego pożytku. W pewnej chwili Mariam zapytała: „Szatanie, nie kusisz mnie przeciw Kościołowi? Kocham Kościół, to moja Matka, ona zmiażdży ci głowę. Kościół, moja Matka, nie upadnie... To ty upadniesz. Już raz spadłeś z nieba i od tej pory zawsze upadasz. Gdyby ludzie cię zobaczyli, nigdy by za tobą nie poszli. Nędzniku, widzimy cię dopiero w godzinie śmierci. Gdyby można zobaczyć twą twarz, wszyscy by od ciebie uciekli!"

Dodała też: „Szatanie, ty upadłeś całkowicie świadomie; my upadamy ze słabości. Kto idzie za światłem ma serce uczciwe. Ty usiłujesz zwieść dusze, Jezus stara się je podnosić. Ja jestem jedynie małym nic. W Jezusie będę ponad tobą. Jezus będzie moim światłem, Jezus wybierał słabych. Wybrał mnie, bo ja jestem słaba".

Za każdym razem, gdy Mariam pośród cierpień spotykała złe duchy, mówiła: „Chwała Jezusowi! Chwała Jezusowi!" A demon cały wściekły odpowiadał: „Co ona mówi, ta Arabka, czy to możliwe? Nie, nie! Mnie chwała! Mnie chwała!"

Mariam powiedziała: „Kiedy Duch Boży zstępuje do jakiejś duszy, przynosi pokój, ukojenie, radość. Kiedy ty przychodzisz, przynosisz udrękę, strapienie, niepokój". Dodała: „Kiedy Bóg czegoś chce, ty nic nie możesz zrobić. Jesteś zmuszony słuchać Jezusa i drżeć".

WYŻYNY, NA KTÓRYCH ROZGRYWA SIĘ WIECZNOŚĆ

Widzicie, na czym polegała próba Mariam, widzicie ten niesłychany dialog dziecka światłości i księcia ciemności? Pomaga on nam w dużym stopniu i z dużą wyrazistością zdać sobie sprawę z wymiaru i stawki walki duchowej, którą prowadzimy w ukryciu. Jaka to stawka? Nasze dusze i dusze ludzi wszystkich czasów.

Mariam w tym decydującym okresie swego życia stała się jakby tarczą wobec zbrojnego prześladowania ze strony tego, który pracuje dzień i noc, by nas zgubić. Ale w tym momencie stało się naprawdę jasne, że dobrze wykonuje swój zawód karmelitanki, swój zawód osoby konsekrowanej. Jakże się mylą

II. MARIAM PROROKINI

ci, którzy myślą, że za murami Karmelu nic się nie dzieje i że egzystencja za kratami to czas stracony, stracona energia. W rzeczywistości Karmele i pozostałe wspólnoty zakonne wierne swemu powołaniu są wyżynami, na których rozgrywa się wieczność. Trzeba dziękować za to, że mogliśmy, niemal niedyskretnie, podejrzeć Mariam ukrytą w swej celi w Karmelu. Ponieważ to objawienie przychodzi w samą porę właśnie dziś w godzinie, gdy bardziej niż kiedykolwiek Zły zastawia swe pułapki. Z pewną ulgą możemy zresztą stwierdzić, że całe zło, które wchodzi w świat nie pochodzi z naszej głębi psychologicznej czy naturalnych niedoskonałości, ale pochodzi od realnego nieprzyjaciela, będącego osobą noszącą określone imię.

TO SZATAN NAS SIĘ BOI

Tak, chodzi o kogoś, kto przychodzi nas atakować, o stworzenie osobowe, czysto duchowe, a nie jakiś rodzaj energii negatywnej, która unosi się w powietrzu, bezosobowo, jak sugerują niektóre podejrzane, współczesne duchowości. Bardzo ważne, by zrozumieć, że jest to ktoś, kto w dodatku nas się boi! To szatan nas się boi, kiedy posługujemy się bronią Jezusa, to znaczy kiedy trwamy w pokorze, posłuszeństwie i miłości. To on, szatan, drży przed duszą, która oddaje się miłości. Osoba, która żyje z Jezusem w prawdzie, nie ma najmniejszego powodu bać się złego ducha. Oto nauka, jaką daje nam Mariam przykładem swojego życia.

Wiemy więc, że aby odnieść zwycięstwo w walce duchowej, Mariam posługiwała się przede wszystkim potrójną bronią. Na pierwszym miejscu pokora. Na ten temat Mariam ma ważne rzeczy do powiedzenia. Zacytuję jej zdanie, byśmy lepiej rozumieli nasze życie: „Pycha odrzuca wszystko od siebie, wszystko ją nudzi, złości, poniża. Pycha buntuje się wobec wszystkiego, wszystko ją smuci. Jest niespokojna w tym świecie i na tamtym, gdy odwrotnie, pokora ma radość w tym świecie i na tamtym".

Przypomnijmy sobie te słowa Maryi Panny, gdy opiekowała się Mariam w grocie, lecząc jej ranę na szyi. Kiedy karmiła ją cudowną, tajemniczą zupą, uczyła ją życia duchowego, dała jej najlepszą radę: „Bądź zawsze zadowolona!"

W walce duchowej szatan atakuje Mariam dokładnie w ten punkt. Chce doprowadzić do tego, by się poskarżyła, by się zbuntowała przeciw swemu cierpieniu, przeciw swemu losowi, a nawet przeciw woli Bożej wobec niej. Krótko mówiąc, chce jej przekazać swe własne poczucie frustracji.

POKORA CIESZY SIĘ WSZYSTKIM

Tymczasem pani uczyła Mariam odwrotnej postawy: „Bądź zawsze zadowolona!", to znaczy – przyjmuj wszystko jako pochodzące z ręki Boga, zgadzaj się na wszystko. To właśnie jest pokora. „Pokora – mówi Mariam – ma siebie za nic, cieszy się wszystkim". By uformować swą małą oblubienicę, Pan uczył ją w przypowieściach: „Popatrz na dżdżownicę. Gdy zagłębia się w ziemi, jest bezpieczna, gdy się pokazuje na zewnątrz, można ją rozdeptać".

Mariam mówi: „Pokora to królestwo serca Bożego. Pokora zadowala się wszystkim. Pokora niesie wszędzie Pana w swym sercu. Szczerą pokorę serca daje Bóg. Ale trzeba ponawiać akty pokory. Prawdziwa pokora nie przejmuje się poważaniem,

II. MARIAM PROROKINI

zdaniem i oceną innych stworzeń". Później Jezus pokazał jej piekło i powiedział: „W piekle są obecne wszystkie cnoty, ale nie ma tam pokory, a w niebie są wszystkie wady, ale nie ma tam pychy.

Mariam opisuje również pokorę w skrócie dającym światło poznania: „Błogosławieni mali! Wszędzie jest dla nich miejsce. Natomiast wielcy wszędzie sprawiają kłopot". Twierdziła, że nic bardziej nie podoba się Panu jak właśnie pokora. Pan jej powiedział: „Pokaż mi księdza albo zakonnika, który jest pokorny, a niczego mu nie odmówię". Bardzo mocne słowa do zapamiętania: „Niczego mu nie odmówię".

Posłuchajmy tego dialogu między Panem a Mariam na temat grzechu świata. Pan mówi:

– Pokaż mi księdza, znajdź mi chociaż jednego, który szuka jedynie Mnie i nie szuka w niczym samego siebie, który nie przywiązuje wagi do uroku słów i efektu, jaki one mogą wywołać u słuchaczy.

– Ależ Panie – odpowiada Mariam – są tacy księża, są jeszcze na ziemi święci kapłani!

– Jeśli znajdę choćby jednego, całkowicie ogołoconego z samego siebie, takiego, który szuka jedynie chwały Bożej, ten ksiądz będzie czynił cuda. Cuda będą przechodziły przez jego ręce.

Oto obietnica, jaką Jezus daje Mariam i oczywiście każdemu z nas. Tak wielką moc ma pokora.

Drugi rodzaj broni, jaką posługuje się Mariam w walce z ciemnością to posłuszeństwo heroiczne. Jakże nie wspomnieć tutaj agonii Jezusa w Getsemani? Nacierały na niego lęk, rozpacz, śmiertelny smutek, straszliwe cierpienia wewnętrzne. Całe piekło powstało przeciw Niemu od zewnątrz i od wewnątrz. Ale właśnie w tym momencie wypowiedział najważniejsze słowa posłuszeństwa: "Ojcze, nie moja, ale Twoja wola niech się stanie" (ŁK 22,42).

DWA ŚWIATŁA ZDOLNE ROZŚWIETLIĆ DUSZE W CIEMNOŚCIACH

W sercu tych walk na wzór Chrystusa, Mariam posługiwała się tą skuteczną bronią, jaką jest posłuszeństwo, by odnosić zwycięstwo za zwycięstwem. Wiemy, że w Karmelu posłuszeństwo stanowi istotny aspekt Reguły, to jeden z trzech ślubów, które składa zakonnica. Mariam mówi z mocą o posłuszeństwie jako drodze światła dla osoby konsekrowanej.

Stwierdza: "Trzeba zawsze słuchać, poddawać swoją wolę woli przełożonych, nie trzeba się nad tym zastanawiać. Bóg nie lubi duszy, która nie jest posłuszna, która nie poddaje swego osądu. Nie należy targować się z Jezusem. Jeśli coś robi się dla Niego, trzeba to robić całkowicie. On nie lubi połowiczności. Dusza, która nie oddaje się cała, jest duszą letnią i Jezus wypluje ją ze swoich ust" (POR. AP 3,15-16).

W chwili ekstazy powiedziała do siostry, która była dość bojaźliwa: "Wobec władzy praktykuj wyłącznie posłuszeństwo. Posłuszeństwo i poddanie siebie są dwoma światłami, by rozświetlić duszę w ciemnościach. To właśnie w chwilach ciemności, w chwilach strasznych, trzeba pozwolić się prowadzić posłuszeństwu".

Mariam otrzymała z nieba jeszcze jedną, inną radę: "Najświętsza Dziewica pozwoliła mi zrozumieć, że posłuszeństwo chroni nas od wszelkich nieszczęść i od wszelkich zasadzek szatana".

Wśród różnych wyznań szatana warto przywołać takie:

II. MARIAM PROROKINI

„Sześć lat temu – powiedział demon – atakowaliśmy pewną karmelitankę w Hiszpanii. Przez pierwsze dwa lata nakłanialiśmy ją do antypatii wobec jednej z sióstr. Kusiliśmy ją, żeby przestała do niej się odzywać, przestała nawet na nią patrzeć, ale ona postępowała odwrotnie. Mistrz pozwolił, żeby obie zostały przydzielone przez przełożone do tej samej pracy, szczególnie więc wtedy chcieliśmy, aby straciła cierpliwość, ale ona okazywała największe oddanie, najdoskonalszą miłość. Kusiliśmy ją przeciw czystości, przeciw umartwieniom, przeciw pokorze, zawsze bez powodzenia… Podsuwaliśmy jej myśl, żeby częściej rozmawiała z przełożoną, a zwłaszcza ze spowiednikiem, ale zaczęła do nich chodzić rzadziej. Wychwalaliśmy przed nią siłę cnoty, która odbywa się bez częstego kierownictwa, zaczęła częściej chodzić do przełożonej i księdza. Kiedy podpowiedzieliśmy jej, żeby poprosiła o dodatkową pokutę, zadowoliła się tą, która jest w Regule. Próbowaliśmy ją przekonać, że jest święta, wyznała swą pychę w obecności sióstr. Ta nędznica za każdym razem nas miażdży!"

Szatan raz na jakiś czas sprawiał, że Mariam była głucha, albo niema. Ale wystarczyło, by przełożona powiedziała: „Mów przez posłuszeństwo" albo „Z posłuszeństwa masz słyszeć" i nowicjuszka mówiła i słyszała.

LEWITACJE NA SZCZYCIE LIPY

Łaski mistyczne, które towarzyszyły Mariam były tak liczne, że potrzeba by grubej księgi, by je wszystkie opisać. Ale jedna z nich dotyczy ściśle „świętego posłuszeństwa" i Mariam daje nam wspaniałe świadectwo na jego temat.

Gdy była w Karmelu w Pau, siostry zauważyły któregoś

wieczoru jej nieobecność na kolacji. Zaczęły jej szukać i jedna z nowicjuszek usłyszała ją śpiewającą w ogrodzie: „Miłość! Miłość!" Podniosła głowę i zauważyła Mariam siedzącą na szczycie lipy, kołyszącą się na gałęzi tak cienkiej, że z trudem utrzymałaby ptaka. Ostrzeżona przez nowicjuszkę przeorysza stwierdziła ten fakt i osłupiała. Co robić w takim przypadku? Zdecydowała się zawołać: „Siostro Mario od Jezusa Ukrzyżowanego, jeśli Jezus zechce, zejdź w imię posłuszeństwa, nie upadając i nie robiąc sobie krzywdy!" Na słowo posłuszeństwo, cały czas w ekstazie, Mariam zeszła z lipy „z twarzą rozpromienioną", zatrzymując się spokojnie co kilka gałęzi, by śpiewać o miłości. Siostry opowiadały, że gdy tylko znalazła się na ziemi, jakby chcąc je uspokoić, ucałowała je z uczuciem i uniesieniem trudnym do opisania.

Wielokrotnie widziano ją, jak się wznosiła na szczyty drzew po końcach gałęzi. W jednej ręce trzymała szkaplerz, drugą chwytała końce małych gałązek za liście, wspinała się w oka mgnieniu aż na szczyt drzewa. Będąc na szczycie kołysała się na małej gałęzi i wyśpiewywała miłość Bożą z rozpromienioną twarzą, następnie schodziła jak ptak, skacząc z gałęzi na gałąź, lekko i zwyczajnie. Gdy wracała do siebie, nic z tego nie pamiętała.

Co Mariam robiła, gdy tak lewitowała na wysokich gałęziach drzew? Według tego, co mówiła, rozmawiała z Barankiem Bożym, gdyż On to wzywał ją, by weszła na szczyt. Te spotkania z niebiańskim Oblubieńcem napełniały Mariam szczęściem i światłością, które jedynie z trudem możemy sobie wyobrazić. Mimo wszystko, w jednej sekundzie była w stanie je przerwać, gdy poproszono ją o to w imię posłuszeństwa, przerwać miłosne spotkanie z Bogiem, by posłuchać tego, co

II. MARIAM PROROKINI

każe przeorysza, która być może nie ma wystarczającej racji, by coś takiego nakazywać.

Widzimy tu u Mariam znak autentycznego życia w zjednoczeniu z Bogiem i prawdziwego życia mistycznego. Większość świętych słuchała osób, które nie były ani w części na ich poziomie duchowym. Gdyż za osobą, która sprawuje władzę ktoś posłuszny widzi rękę Ojca, kierującego wydarzeniami wedle Bożej mądrości. Słuchać przełożonego, to słuchać Boga. Jeśli przeciwnie, podejmuje się dyskusję, kierując się mądrością czy logiką ludzką, wyłącznie opóźnia się wypełnianie planów Ojca.

Pewnego dnia Jezus powiedział Mariam: „Córko, posłuszeństwo jest dla duszy tym, czym są skrzydła dla ptaka".

PEWNEGO DNIA NASTĘPUJE PRZEŁOM

Trzecią bronią, by w tej walce duchowej zwyciężyła światłość, jest miłość. Mariam przez całe życie okazywała głęboką miłość tym, którzy ją otaczali i oczywiście wielką miłość Panu. Stawiam tutaj pytanie, co ją uratowało od zguby podczas walk, które musiała staczać? Siłę ogromną dawała jej miłość do dusz, jaką wlał w jej serce Jezus. Zbawiciel, który za każdego z nas się ofiarował, widzi jasno stan naszych dusz i grzech w jakim żyją. Mariam otrzymała od niego dar widzenia, jak Bóg jest obrażany w duszach i odczuwania tego boleśnie. Płonęła pragnieniem, by zbawiać te dusze w jedności ze swym oblubieńcem, Zbawicielem. Zauważyłam, że w życiu wielu świętych pewnego dnia następuje jakby przełom, po którym przechodzą na wyższy poziom miłości. Miłość Pana płonie w takiej świętej duszy tak mocno, że przyjmuje przeciwności, cierpienia, udręki nie jako nieszczęścia, przed którymi trzeba uciekać, ale przeciwnie, jak środki oczekiwane i błogosławione, bo służące Odkupieniu.

W tej chwili, gdy dokonuje się ten przełom, Bóg przejmuje inicjatywę. Można to poznać po tym, że dla duszy udręki te stają się słodkie. Cierpienia stają się niemal źródłem radości. Nie tyle cierpienia same w sobie – byłby to masochizm albo perwersja, bo cierpienie samo w sobie zawsze jest złe – ale osoby te płoną taką miłością ku Jezusowi, że wszystko co ma udział w dziele Zbawiciela staje się radością, z powodu ich więzów miłości z Nim. Iść za Jezusem wszędzie, zarówno na górę Tabor, jak i na Golgotę, oto ich radość. To jest prawdziwa miłość, miłość czysta.

SERCE JEZUSA BIJE W JEJ PIERSI

Sądzę, że to właśnie szczyt miłości Mariam. Przeżyła w swej duszy cierpienia Męki Chrystusa, poznała w swym sercu Jego rany, w swym ciele Jego tortury – wszystko to przeżyła dziękując! Tak bardzo kochała Jezusa. Za każdym razem krzyż wprowadzał ją w komunię z miłością odkupieńczą Chrystusa.

Nie dziwmy się widząc, że jej serce jest zjednoczone z Sercem Jezusa. Włączona w to źródło miłości dawała siebie aż do wyczerpania w służbie dla sióstr i w służbie dla dusz.

Oto kilka zdań na temat miłości, cudownych w swej prostocie i głębi: „Miejcie dużo miłości. Tak jak przygotowujesz drogę dla twego brata, tak Pan przygotowuje dla ciebie. Jeśli widzisz kamienie przed twoim bliźnim, usuń je, zanim on je zobaczy. Jeśli widzisz dziurę, zasyp ją, tak żeby nie zobaczył. Uczyń jego drogę prostą. Jeśli jesteś spragniony i ktoś daje ci wodę, daj tę szklankę twojemu bratu, który jest spragniony.

II. MARIAM PROROKINI

Być może jesteś bardziej spragniony niż on, ale Pan sam da ci „pić". Powtarzała bez przerwy swym siostrom: „Kochajcie wasze siostry bardziej niż siebie same!" A kiedy mówiła pod natchnieniem anioła albo Ducha Świętego (czy też świętych, którzy do niej przychodzili), mówiła do swojej przełożonej: „Kochajcie baranki, które zostały wam powierzone, kochajcie je bardziej niż siebie!"

Mariam przyjmowała w sposób nadprzyrodzony odwiedziny niektórych świętych, aniołów i samej Matki Bożej, która nauczała ją przez całe życie. Formowała jej serce i karmiła swoją mądrością.

JĘZYK ZDRADZAJĄCY POCHODZENIE

Urodzona w Galilei, w bardzo biednej rodzinie, Mariam posługuje się językiem ojczystym i używa zwykle kwiecistych zwrotów. Jest poetką, nawet w swym francuskim, dosyć słabym. Gdy przekazuje nauczanie, które przychodzi do niej z wysoka, przedstawia je w krótkich przypowieściach. Używa obrazów z życia codziennego. Podobnie jest w Biblii i w języku innego Galilejczyka, Jezusa z Nazaretu.

Oto kilka historii, które lubiła powtarzać siostrom: „Idąc na modlitwę, trzeba zabierać z sobą broń". Jedna z sióstr pyta więc: „Jaką broń trzeba brać na modlitwę?" Mariam odpowiada: „Nie ma modlitwy bez małej siekiery. Kiedy coś do nas przychodzi, na przykład rozproszenia, myśli nie związane z modlitwą, trzeba być uzbrojonym w małą siekierę".

Siostra pyta dalej: „Ale po co ci ta siekiera?" Mariam: „To jest siekiera dobrej woli. Dobra wola to taka mała siekiera, która pozwala odcinać u korzeni wszystko co wyrasta, a nie pochodzi od Boga i przychodzi, by nam przeszkadzać w modlitwie".

Mówiąc o grzechu Mariam posługuje się porównaniem, które warto zapamiętać, gdyż może przynieść uzdrowienie duszy w niepokoju. „W niebie najpiękniejsze drzewa, to są ci, którzy najbardziej grzeszyli na ziemi. Dlaczego? Bo posłużyli się grzechami niczym nawozem, którym obłożyli drzewa".

Całe przesłanie Mariam jest pełne nadziei. Przepełnione nadzieją, gdyż Mariam ostatniemu z grzeszników nie grozi, ani go nie oskarża, lecz odwrotnie – zachęca do ufności w miłosierdzie Boże. Grzesznik rozumie wówczas, że Pan może grzech, nawet jego grzech, zamienić w coś pozytywnego, co będzie służyło światłości. Kładzie swój grzech u stóp drzewa, jak kładzie się nawóz, by użyźnić ziemię i pomóc drzewu wydać wspaniałe owoce.

DAWAĆ GRZESZNIKOM NADZIEJĘ

Nawet na temat pychy Mariam mówi językiem nadziei: „To jest łaska, gdy niektórzy są pyszni z natury". Dlaczego? Tłumaczy, że wówczas codziennie będą musieli ćwiczyć się w przeciwstawianiu pysze. Będą podejmować akty przeciw tej złej skłonności i poprzez tę walkę przeciw pysze Pan pozwoli im właśnie wzrastać w pokorze. Przez całe życie będą musieli walczyć przeciw pysze. Ale dzięki tej walce zostaną wywyższeni w pokorze w szczególny sposób. Oznacza to, że każda wada silnie wyrastająca z naszej natury jest jakby znakiem, że Pan chce nas podnieść bardzo wysoko w cnocie, która jest jej przeciwieństwem. To cudowne! Tylko Jezus mógł znaleźć sposób, aby spożytkować zło tak, abyśmy wzrastali w dobru.

Mariam posłużyła się przykładem pychy, ale to samo można powiedzieć o egoizmie, nieczystości, skąpstwie. Jak widzicie, Mariam przemienia wszystko w światło Ducha Świętego, by dodać odwagi siostrom, dać nadzieję grzesznikom, przywrócić radość sercom zgnębionym, podtrzymać tych, którzy upadają na duchu.

O, GDYBYM MIAŁA DOBRE ZDROWIE!

Dla osób dotkniętych chorobą, Mariam ma słowa niosące wiele pokoju. Zauważyła, że siostry w chorobie rozumują czasem w sposób, który odbiera im pokój. Mówią: „O gdybym nie zachorowała... Gdybym była zdrowa, zrobiłabym dla Pana tyle rzeczy, tyle dzieł... To byłoby dobre dla mojej duszy...". Ale Mariam nazywa te myśli czystą iluzją, gdyż nawet w samym sercu choroby Pan pozwala nam przeżyć coś ważnego. Jeśli zaś prosimy o uzdrowienie, to naprawdę by posłużyło ono rzeczywiście chwale Bożej: „Mój Boże, jeśli tego wymaga Twoja wola, jeśli to jest Twoja wola, jeśli dobro mojej duszy tego wymaga...".

Mariam była całkowicie zwrócona ku Bogu i przejęta Jego chwałą. W najmniejszym stopniu nie była skoncentrowana na sobie, przeciwnie! Pan pozwolił wręcz, by nie była świadoma łask, które przez nią przepływały. Uważała siebie za ostatnią z sióstr, ostatnią grzesznicę i twierdziła, że to jest wielkie miłosierdzie za strony sióstr, iż przyjmują ją i pozwalają żyć w klasztorze.

"JA" JEST TYM, CO GUBI ŚWIAT

Nie miała żadnego upodobania w sobie samej. Mówiła poruszające w swej jasności i zwięzłości słowa na temat „ja", owego „ego", które umiera pięć minut później niż my: „To właśnie „ja" gubi świat. Ci, którzy mają silne „ja", mają też w sobie smutek i niepokój. Nie można mieć zarazem „ja" i Boga". Jeśli ma się „ja", nie ma się Boga, a jeśli ma się Boga, nie ma się „ja". Nie macie dwóch serc, macie jedno. Temu, kto nie ma „ja", wszystko się udaje. Wszystko go zadowala. Tam, gdzie jest „ja", tam nie ma pokory, łagodności, żadnej cnoty. Można się modlić, błagać, ale modlitwa nie dochodzi do Boga".

Wszystkie te refleksje są słowami mądrości.

"CZYTANIE" W SERCACH

Mariam otrzymała też od Pana dar, który określa się jako „czytanie w sercach". Podobnie jak proboszcz z Ars czy ojciec Pio. Gdy kogoś spowiadali, widzieli w głębi jego serca grzechy, których nie ośmielał się wyznać. To właśnie jest „czytanie w sercach", charyzmat w służbie miłosierdzia Bożego. W ciągu swego życia Mariam wielokrotnie służyła tym charyzmatem swoim siostrom. Służyła nim nie tylko siostrom, ale też przyjaciołom Karmelu. Służyła nim nawet papieżowi i niektórym prałatom Kościoła.

Przywołajmy kilka przykładów. Pewna nowicjuszka w jej wspólnocie zdradzała oznaki niemocy duchowej i niepokoju. Krótko mówiąc, była w złej formie i nikt nie mógł dociec przyczyny jej stanu. Pewnego dnia Pan powiedział do Mariam:

II. MARIAM PROROKINI

"Znajdź tę siostrę i porozmawiaj z nią". Pan objawił Mariam, że ta siostra nie wyznała na spowiedzi ciężkiego grzechu ze swej przeszłości. Mariam bez wahania zapytała siostrę:

– Czy na pewno wyznałaś wszystkie grzechy z twej przeszłości?
– Tak – odpowiedziała szczerze nowicjuszka – Żadnego nie ukryłam.
– A czy ten grzech wyznałaś?

Nowicjuszka przeżyła szok i wtedy zdała sobie sprawę, że od wielu lat ukrywała ten grzech. Szybko znalazła księdza, by się wyspowiadać i równie szybko odnalazła pokój. Siostra ta wyjaśniła Mariam, że tak głęboko stłumiła myśl o tym grzechu, że aż o nim zapomniała. Tymczasem to on był powodem jej złego stanu duchowego. Wiele razy w podobny sposób Mariam mogła przychodzić z pomocą swojej wspólnocie.

MATERIAŁ WYBUCHOWY POD WATYKANEM? WIZJE I PROROCTWA

Chcę też wspomnieć o niektórych wizjach, jakie miała Mariam. Widziała nadchodzące wojny i prosiła swą wspólnotę, by się bardzo modliła. Widziała też jak upadali niektórzy księża. Widziała innych poddanych ogromnym pokusom. Widziała upadek pewnych dusz. W sposób bardzo dokładny i precyzyjny ujrzała, jak w Rzymie złoczyńcy podłożyli materiał wybuchowy pod Watykanem, by wysadzić część budynków. Wówczas, za pozwoleniem przełożonej, uprzedziła osoby odpowiedzialne w Rzymie i poszukiwania wykazały, że miała rację. Udało się uniknąć wielkiego nieszczęścia. Ten szczególny fakt przyciągnie uwagę samego papieża do tego stopnia, że kiedy Mariam będzie miała orędzia do przekazania od Pana, okaże się, że jest uważnie słuchana w Rzymie, podobnie zresztą jak w Karmelu. Był to dowód, że jej słowa pochodzą rzeczywiście od Pana. Dobrze w tym miejscu podkreślić, jaki Duch kierował Mariam, gdyż służyła charyzmatem poznania. Mariam nigdy nie chciała znać przyszłości. Nigdy nie usiłowała dociekać z ciekawości przyszłych wydarzeń ani Bożych tajemnic. Niektóre światła otrzymywała, choć o nie wcale nie prosiła. Nie zgadzała się, by ją pytano, jak wypytuje się wróżkę, astrologa czy jasnowidza, który usiłuje odgadnąć przyszłość. Nie była pytią, grecką wyrocznią. Dar Mariam wypływał całkowicie z miłości i służby chwale Bożej. Jeśli czasem przekazywała słowa poznania, czyniła tak, by pomóc duszom. W czym? W byciu wiernym i przynależeniu w większym stopniu do Boga. Po przekazaniu otrzymanego słowa, Mariam całkowicie się usuwała, nie zajmując się nim więcej, tak jak prorocy biblijni. Prorok to jest ktoś, kto otrzymuje i przekazuje słowo pochodzące od Boga. Słowo przechodzi przez proroka i dociera do ludu. Prorok jest jedynie przekazicielem, sługą tego słowa.

CIERPIĄ JAK SIEROTY BEZ OJCA

Widzicie, że jest to bardzo różne podejście do współczesnej mentalności, która chce wszystko poznawać zawczasu, z ciekawości albo by móc planować. Sądzę, że ten głód, by wszystko wiedzieć, wynika z faktu, że nie wierzymy, iż mamy Ojca. Wielu współczesnych zachowuje się, jakby było sierotami. Cierpią tak jak sieroty! Dziecko, które ma ojca, nie odczuwa potrzeby, by znać wszystkie szczegóły tego co nastąpi: ufa. A ojciec powoli, powoli wprowadza dziecko w sprawy życia, w rzeczywistość, z którą będzie się ono musiało zmierzyć. Mariam uczy nas, jak powierzyć się Ojcu, który wie czego nam potrzeba, jak mówi nam Jezus w Ewangelii. W tym Mariam rzeczywiście poprzedziła małą Teresę. Życie oddania i ufności, którego kilka lat później będzie uczyć Teresa, jej „mała droga", jak zostanie nazwane to nauczanie, została już przygotowana przez przesłanie Mariam.

LIBAN I JEROZOLIMA

Ponadto Mariam wypowiadała proroctwa dotyczące niektórych krajów. Na przykład Libanu. Liban był jej bardzo bliski, gdyż jej przodkowie pochodzili z Libanu. Była w prostej linii córką Bliskiego Wschodu. Pan jej pokazał liczne cierpienia, jakie czekają Liban w przyszłości. Chcę tu zacytować spory fragment, ponieważ poruszające jest to, jak te proroctwa okazały się prawdziwe.

Mariam najpierw mówi o Bejrucie: „Nad Bejrutem widziałam coś podobnego do chmury, która osiada nad miastem. Jest czerwona, zielona i czarna". Trzeba dodać, że w tamtych czasach nie było jeszcze flagi w tych kolorach. Dziś wiemy, że jest to flaga Syrii. Dalej Mariam mówi: „Czuję zapach krwi, wszędzie zapach krwi wokół mnie, tak jakby był tam trup". A dalej: „Widzę w Libanie morze krwi, pomimo to czuję w głębi serca radość, której nie umiem określić". Pomimo tych strasznych rzeczy, które mają się stać, pomimo ogromnego smutku, jaki ma przeżyć ten kraj, Mariam czuje duchową, głęboką radość, jakby znak zwycięstwa, które przyjdzie w Libanie. Pan uratuje ten kraj". (W grudniu 1981, podczas rozmowy z papieżem Janem Pawłem II przed moją podróżą misyjną do Libanu, papież nazwał Liban „córką ludzkości").

Mariam mówiła też o Jerozolimie: „Widziałam nad Jerozolimą, w powietrzu, kulę ognia. Wydaje się, że gotowa spaść. Jedynie modlitwa może ją zatrzymać".

FRANCJO, PROŚ O PRZEBACZENIE!

Sporo też mówiła o Francji. Od czasu pobytu w Marsylii i w Karmelu w Pau, Pan włożył w jej serce ogromną miłość do Francji. Porównuje Francję do krzaka róży w ogrodzie Pana. Pan mówił jej wiele o tej róży. Mariam mówi, że krzak ten zostanie trzykrotnie przycięty. Zostanie tylko jedna gałąź i to z tej gałęzi Bóg wyprowadzi wielkie rzeczy. Mówi, że Francja musi zostać bardzo oczyszczona.

Mówi od Pana: „Francjo, proś o przebaczenie, proś o przebaczenie!" „Francja uczyniła wiele dobrego na misjach, by Pan mógł ją opuścić. Będzie święta, ale jeszcze na to nie zasługuje. Jeśli lud będzie się modlił i nawracał, próba będzie niewielka. Jeśli nie, czeka ją upadek jeden po drugim". Mariam mówi od Pana: „W sercu Francji Pan znajdzie upodobanie". Jednak Jezus mówi jej, że zanim to nastąpi, trzeba by Francja została przesiana przez sito, trzeba by stała się zupełnie niczym; „żebym Ja stanął na czele wojska, aby mówiono wśród wszystkich narodów: rzeczywiście, Najwyższy stoi na czele Francji! Wszyscy zakrzykną to jednym głosem, nawet bezbożni".

By uratować Francję, Bóg oczekuje, że będzie ona wołać do Niego z całego serca. Myślę, że Mariam wyraża tutaj to samo, co inni prorocy mówili o Francji.

Mariam jest świadoma tej wielkiej roli i dlatego bardzo

II. MARIAM PROROKINI

wymagająca wobec Francji. Chce, by rzeczywiście należała do Boga, bo jak jej powiedział Pan: „Wszystko, co nie należy do Boga, zostanie sprzątnięte". Oczywiście, to jest prawdziwe zarówno w odniesieniu do Francji, jak i do reszty świata. Znajdujemy te słowa w Ewangelii: „Każda roślina, której nie sadził mój Ojciec, będzie wyrwana" (MT 15,13). Francja może zacząć poważny rachunek sumienia zanim przyjdzie czas oczyszczenia.

CZUŁOŚĆ BOGA POŚRÓD GARNKÓW

Jestem ogromnie wdzięczna Janowi Pawłowi II za to, że wyniósł na ołtarze tę pokorną wieśniaczkę z Galilei, która przychodzi nam przypomnieć swym językiem dziecka, że tajemnice królestwa objawione są prostaczkom. Dusza całkowicie oddana Bogu, zna Boga. Już na tym świecie Mariam miała poznanie rzeczywistości nadprzyrodzonej, intuicyjnie rozumiała życie duchowe. Mariam żyła z Bogiem i jej życie było jakby przedsmakiem nieba na ziemi, czułością Boga. I to wszystko pośród garnków, narzędzi, w zamknięciu swego klasztoru, pośród najprostszych, najpokorniejszych i najgorszych prac.

Mariam jest naprawdę małym dzieckiem, w swym głębokim ubóstwie przyjęła tajemnicę Boga. Stała się dla nas świadkiem niewidzialnego. Przeskoczyła jeden wiek, by do nas mówić i myślę, że znalazła się u nas właśnie dlatego, że nasze czasy odchodzą od tajemnic Boga i chcą obejść się bez Niego. Nasze społeczeństwa usiłują wszystko wytłumaczyć nauką, człowieka zaś próbują opisać wyłącznie mechanizmami psychologicznymi. Pochłonięte są poszukiwaniem dobrego samopoczucia, a pogrążają się w lęku złego samopoczucia. Co gorsza, proponują człowiekowi podejrzane duchowości, jak te wywodzące się z New Age, które nie przyjmują wcielenia Boga jako podstawowej zasady. Mariam jest dla nas niczym błysk, przychodzi mówić nam o rzeczach z wysoka i przypominać nam o celu ostatecznym.

Mariam żyła w zażyłości z aniołami i z Maryją Panną, przyjmowała nauczanie z nieba. Wiele razy, gdy miałam okazję o niej mówić, zarówno we wspólnotach zakonnych jak i do młodych, nawet bardzo młodych, byłam poruszona, bo stwierdziłam, że Mariam dotyka bezpośrednio serc.

OTWIERA OKNA NASZYCH WIĘZIEŃ

Jej słowa są bardzo proste, dlatego dotyka serca w głębi, wszyscy tłumacze tej książeczki pokochali Mariam. Przypominam sobie, że kiedyś miałam opowiadać o niej młodym ludziom i pomyślałam; szkoda, będę musiała mówić mniej szczegółowo o łaskach mistycznych Mariam, to język, którego nie mogą zrozumieć i nie będą słuchali. Ale przeciwnie, ku mojemu wielkiemu zdumieniu, właśnie na ten temat zadawali mi tysiące pytań. Ci młodzi ludzie są ofiarami prawdziwej zmowy milczenia dorosłych na temat rzeczywistości naszej wiary, szczególnie sensu naszego życia na ziemi i jego ostatecznego celu. W rezultacie nieskończenie pragną, bardziej niż kiedykolwiek, poznać prawdę – prawdę bez zamazywania i cenią to, że Mariam mówi bez ogródek.

Na zachodzie nie chcemy mówić o Bogu, o rzeczach Bożych, o słowie Bożym, a jeszcze mniej o walce duchowej, jaką musimy staczać, by nie być pokonanym przez Złego.

II. MARIAM PROROKINI

Boimy się, co inni o nas pomyślą. Złemu udało się skrępować nas strachem. Boimy się nie być jak wszyscy, okazać się innymi… Prawdziwa niewola! Ale młodzi pragną, bardziej niż kiedykolwiek, poznać rzeczywistość życia Bożego, ponieważ właśnie oni zostali pozbawieni jej w wychowaniu. Straszliwie pozbawieni. Przez brak duchowej perspektywy, stają się coraz słabsi. Umierają. Dziękuję Bogu, że posłał Mariam, by objawiała prawdę ostateczną w naszych czasach, po stu latach milczenia. Mariam otwiera bramy naszych więzień, pozamykane szczelnie okna. I swym jasnym głosem proroka dziecka, mówi nam jakby dziś: „Bóg, to proste! On jest tu! Słuchajcie głosu Jego, a nie umrzecie! Będziecie żyli!"

Mariam, dziękuję ci! Patrząc na twe życie widzimy, że twoje słowa są prawdziwe. Ale wiedz, że twoja praca nie jest skończona. Proszę cię, byś z wysokości nieba modliła się za nami i pomagała nam tak, jak pomagałaś siostrom z Karmelu i tylu innym ludziom. Tylko tyle i aż tyle!

SŁOWA I RADY MARIAM ZEBRANE
PRZEZ OJCA ESTRATE

Bądź pełna miłości. Kiedy jedno twoje oko widzi coś złego, zamknij je i otwórz drugie. Wszystko zmieniaj w dobro.

Gdy kochasz bliźniego, wiedz, że kochasz Jezusa. Nie patrz na bliźniego bez spojrzenia na Pana, inaczej upadniesz nisko, bardzo nisko.

Jestem w Bogu, a Bóg jest we mnie. Czuję, że wszystkie stworzenia, drzewa, kwiaty, należą do Boga i również do mnie. Nie mam już więcej swojej woli, jest zjednoczona z

Bogiem i wszystko, co Boże jest moje... Pragnęłabym mieć serce większe niż wszechświat.

Bez Maryi bylibyśmy zgubieni. Nieprzyjaciel wszędzie robi szkody. Maryja chroni nas lepiej niż najlepsza z matek.

Kiedy Jezus patrzy na swoich wybranych, pod wpływem Jego spojrzenia topnieją serca. Och, co za spojrzenie!

Dobrze jest słuchać o Jezusie, ale jeszcze lepiej słuchać samego Jezusa. Dobrze jest myśleć o Jezusie, ale jeszcze lepiej Go posiadać. Dobrze jest słuchać Jezusa, ale jeszcze lepiej jest czynić Jego wolę.

Zwracaj uwagę na małe rzeczy. W oczach Bożych wszystko jest wielkie. Serce człowieka może napełnić jedynie miłość. Dobry człowiek, jeśli jest kochany i ma odrobinę ziemi, jest zadowolony; zły człowiek, nawet jeśli zgromadzi wszelkie możliwe bogactwa i zaszczyty i czerpie z nich przyjemności – stale odczuwa głód i pragnienie, nigdy nie jest usatysfakcjonowany.

Uważajcie, by zachować pokój serca, ponieważ szatan łowi w mętnej wodzie. Pragnę, byście zachowywali wewnętrzny pokój. W żadnym razie nie ulegajcie lękowi, wewnętrznym skrupułom. Czyńcie to, co możecie, upokarzajcie się z powodu tego, czego nie czynicie i przyjdźcie rzucić wszystkie próżne lęki, które nazywam szaleństwami, w ogień miłości (Mariam potwierdza z przekonaniem źródło tego orędzia: „Pochodzi ono od Dzieciątka z Betlejem").

Pan nie lubi, gdy ktoś składając Mu ofiary, jest skąpy Ofiaruj Mu i daj Mu wszystko!

Bądźcie małe; bądźcie i pozostańcie małe, tak by matka chroniła was swymi skrzydłami, tak jak kura chroni swoje małe, a wygania, gdy stają się większe. Bądźcie małe, małe... Jezus was chroni. Popatrzcie na kurę i kurczaki: dopóki są małe, daje im jeść z dzióbka, chowa je pod skrzydłami; niczego im nie brak. Bądźcie małe, Pan was ochroni, da wam jeść. Dziś rano było mi trudno, ponieważ nie czułam obecności Boga. Miałam wrażenie, że moje serce było z żelaza. Nie mogłam myśleć o Bogu, zaczęłam wzywać Ducha Świętego. Powiedziałam: „To dzięki Tobie poznajemy Jezusa. Apostołowie pozostawali z Nim bardzo długo, nie rozumiejąc Go, ale jedna drobinka Ciebie wystarczyła im, by Go zrozumieli. Pozwól, bym ja również Go poznała. Przyjdź moja pociecho, przyjdź moja radości, przyjdź mój pokoju, moja siło, moje światło!"

Bóg jest ukryty w owocu, niczym ziarno w jabłku. Przekrój jabłko i znajdziesz ziarno w jabłku. Przekrój jabłko i znajdziesz w środku pięć ziaren. Bóg jest w taki sposób ukryty w sercu człowieka. Jest w nim ukryty poprzez tajemnice swej Męki, niczym pięć ziaren. Bóg cierpiał i trzeba, żeby człowiek cierpiał, czy tego chce, czy nie chce. Jeśli będzie cierpiał z miłości, w zjednoczeniu z Bogiem, będzie cierpiał mniej i zyska zasługi. Pięć ziaren na dnie jego serca wzejdzie i wyda obfity plon. A jeśli odrzuci próbę, będzie cierpiał więcej, nie zyskując zasługi.

DO SWOICH SIÓSTR W KARMELU, W CZASIE EKSTAZY

Jeżeli każda z owieczek będzie patrzeć na siebie jak na ostatnią, Maryja Panna będzie z nią. Przyjmijcie słowo Jezusa. Nigdy się nie zniechęcajcie. Szatan wściekły przyjdzie was kusić, nigdy go nie słuchajcie, słuchajcie zawsze Pasterza. Nigdy, nigdy nie słuchajcie szatana, on jest zazdrosny. Kiedy przychodzi, upokarzajcie się. Jeśli Jezus pozwala, by was kusił, to po to, byście wzrosły.

Niech owieczki zawsze słuchają Pasterza, niech się wzajemnie miłują, niech szukają pokory, miłosierdzia. Szatan jest o was zazdrosny, ale nigdy się nie zniechęcajcie, idźcie za Pasterzem. Szatan nienawidzi miłosierdzia. Będzie się starał nastawić was jedną przeciw drugiej. Ucałujcie się, a on odejdzie.

Szatan będzie was kusił. Bądźcie silniejsze niż szatan. Kuszenie jest dobre dla was; to jest woda, która obmywa i czyni was czystymi dla Jezusa. Silniejsza pokusa jest jak ciepła woda, która lepiej obmywa.

Zastanówcie się dobrze nad tym: dzisiaj na ziemi, jutro pod ziemią.

Im bardziej jesteśmy poddawane próbom, tym szybciej biegnijmy do Boga. Radujcie się, gdy wami gardzą, bo jesteście pod płaszczem Pana. A gdy jesteście szanowane i wynoszone, płaczcie krwawymi łzami, bo nieprzyjaciel przyjdzie was porwać. Złodzieje nie przychodzą do biednych, tylko do bogatych.

Pytam niebo, ziemię, morze, drzewa i wszystkie stworzenia: „Gdzie jest Jezus?" i wszystkie odpowiadają mi tak samo: „W sercu prostym i pokornym".

Kochane owieczki, kochajcie tego, kto was policzkuje, a nie tego, kto was obsypuje pocałunkami. Jeśli bronisz się, kiedy cię policzkują, wszystko tracisz, ale jeśli pocałujesz tego, kto cię uderza, Bóg cię zachowa.

Szatan jest zazdrosny, próbuje wszelkimi sposobami pozbawić was wiary, pogrążyć dusze; nie bójcie się. Nawet, gdy nie odczuwa się wiary, trzeba żyć w pokorze i ufności. Kiedy nie odczuwamy wiary, a idziemy stale do przodu pomimo łez i udręki, cierpimy mękę rzeczywiście chwalebną, pod warunkiem, że trwamy stale zwróceni ku Jezusowi.

Jezus was wybrał: bądźcie Mu wdzięczne. Przestrzegajcie

II. MARIAM PROROKINI

Reguły. Jeśli nowicjuszka nie przestrzega Reguły, choćby czyniła cuda, odeślijcie ją.

Nie patrzcie nigdy ani na błędy, ani na wady sióstr. Bierzcie na siebie to, co najtrudniejsze, najcięższe, by je odciążyć. Myślcie zawsze o dobru innych: usprawiedliwiajcie ich. Jeśli widzicie, że jakaś siostra wylała oliwę, pomyślcie, że jest myślami zatopiona w Bogu, następnie weźcie ścierkę i wytrzyjcie plamę.

Do przełożonej: „Nie bój się. Jeśli jakaś siostra przychodzi ci powiedzieć: Matko, w czasie modlitwy widziałam Matkę Bożą, widziałam Jezusa, powiedzieli mi to i to; odpowiedz takiej siostrze: Córko zachowaj to co widziałaś i słyszałaś. Trzeba by łaska przynosiła owoce. Po owocach rozróżnisz, czy to jest rzeczywistość czy iluzja. Gdy ta siostra po tym, co usłyszy pozostanie spokojna, powiedz samej sobie: To z pewnością Jezus. Ale jeśli będzie smutna, powiedz sobie, to szatan".

Do pewnego krytykowanego księdza: „Niech ksiądz pozwoli mówić wszystko, co zechcą. Bóg jest Bogiem! Nawet gdyby całe niebo i cała ziemia sprzysięgły się przeciw duszy, na którą Bóg spogląda, nie byłyby w stanie niczego dokonać".

Owieczki, szatan przemienia się w anioła światłości. Jeśli nie będziecie uważać, nie zawsze go rozpoznacie, ponieważ stara się, wychwalając was, wbić was w pychę. Uniżajcie się mówiąc: „Jestem jedynie nicością, nie zasługuję na żadną łaskę", wtedy od was odejdzie.

Pan nie ma wam za złe, że zgrzeszyłyście, ale że nie byłyście dosyć pokorne.

Nie wystarczy kochać. Kochać i pracować, to dopiero wszystko. Kochać to ziarno, pracować to wzrastać i przynosić owoc.

Zapytano ją, co trzeba zrobić, by posiąść Miłość, ona się

schyliła, wzięła z ziemi pyłek kurzu i trzymając go odpowiedziała rozmówcy: „Trzeba stać się tak małym jak on".

AUTOPSJA CIAŁA MARIAM

(Świadectwa bpa Valerga, wysłannika patriarchy Jerozolimy)

Kilka godzin po śmierci Mariam, pan Carpani, który pracował jako lekarz, zaczął myć ciało. Wyniesiono ciało, ułożono je płasko, by wszyscy mogli je widzieć. Byłem tam obecny razem z Don Belloni, Don Emilio, Don Teofili, Don Giovanni Marta, Don Ricardo Branca. Wszyscy mogliśmy stwierdzić, że na sercu znajdowała się blizna po ranie, zadanej można by powiedzieć długim, żelaznym ostrzem… Wszyscy obecni księża i zakonnice również mogli stwierdzić ten przedziwny fakt.

Mogliśmy również stwierdzić, że na nogach i na rękach siostra miała blizny po ranach podobnych do dziur. Na ten temat, Don Belloni, spowiednik siostry Marii od Jezusa Ukrzyżowanego, powiedział z przekonaniem, że gdy za życia udawało się zobaczyć w świetle rękę siostry, można by powiedzieć, że ciało było w miejscu stygmatów przeźroczyste.

Wszyscy mogli również stwierdzić wyraźny znak po szerokiej ranie na szyi. Siostra Cyprienne opowiedziała mi, że gdy siostra Maria od Jezusa Ukrzyżowanego była w Aleksandrii, została zaatakowana w szyję ostrą szablą przez pewnego nieszczęśnika, umarłaby, gdyby Matka Najświętsza nie wyratowała jej z opresji.

KRÓTKIE KALENDARIUM ŻYCIA MARIAM

1846	5 stycznia Mariam przychodzi na świat w Palestynie; 15 stycznia chrzest i bierzmowanie
1849	traci ojca i matkę
1854	zamieszkuje u wuja w Aleksandrii, w Egipcie; spowiedź i Pierwsza Komunia
1858	odmawia wyjścia za mąż
1859/60	pracuje jako służąca w Aleksandrii, Jerozolimie, Bejrucie
1863	jest służącą w rodzinie Najard w Marsylii
1865	wstępuje do sióstr św. Józefa w Marsylii

1867	wstępuje do Karmelu w Pau; obłóczyny 27 lipca
1868	24 maja – przebicie serca; 26 lipca – 4 września – 40 dni diabelskiej próby; 5-8 września – nawiedzona przez ducha z nieba
1870	21 sierpnia wyjeżdża do Indii; w listopadzie dociera do Mangalore
1871	21 listopada śluby zakonne
1872	wraca do Karmelu w Pau
1875	20 sierpnia wyjeżdża do Palestyny
1876	kładzie kamień węgielny pod budowę Karmelu w Betlejem
1878	kwiecień, podróż do Emaus, na Górę Karmel w Betlejem, do Nazaretu, na Górę Tabor i do Betlejem 21 sierpnia upada i rani sobie ramię, początek gangreny, 26 sierpnia umiera o świcie
1983	13 listopada papież Jan Paweł II beatyfikuje ją w Rzymie.

BIBLIOGRAFIA

Estrate, Pierre. *Mariam święta Palestynka. Życie Marii od Jezusa Ukrzyżowanego,* Wydawnictwo Ojców Karmelitów Bosych, Kraków 2008.
Spotkanie z Mariam. Fragmenty listów błogosławionej Marii od Jezusa Ukrzyżowanego (Małej Arabki), Wydawnictwo Ojców Karmelitów Bosych, Kraków 2010.

Brunot, Amédée. *Mariam, the little Arab: Sister Mary of Jesus Crucified* (1846-1878). Eugene, Oregon. Published by Carmel of Maria Regina, 1984. Print.

Buzy, Denis, scj, *Life of the servant of God, Sister Mary of Jesus Crucified: Carmelite lay-Sister who died in the odour of sanctity in the Bethlehem convent* (1846-1878) London: Sands, 1926. Print.

Buzy D. scj, *Thoughts of Sister Mary of Jesus Crucified,* ocd.

SIOSTRA MARIA OD JEZUSA UKRZYŻOWANEGO W NOWICJACIE

1. CELA MARIAM W BETLEJEM
2. KARMEL W BETLEJEM

1. MARIAM Z BETLEJEM
2. KAPLICA KARMELU W BETLEJEM

> est Mon Amo,
> Joie, et sa croix
> Plaisir et Ma p
> cœur brûle n
> de posséder
> d'a Mourir.
> ma chère S' a
> marie de Jesus
> crucifié.

LIST MARIAM DO SIOSTRY AGNIESZKI

1. POLE PASTERZY, NAD KTÓRYM UKAZALI SIĘ ANIOŁOWIE
2. MIEJSCE NARODZIN JEZUSA

DZIECI Z GALILEI

ZBIÓR OLIWEK W BETLEJEM

1. JEZIORO GALILEJSKIE I GÓRA BŁOGOSŁAWIEŃSTW
2. SMAKI WSCHODU

www.ingramcontent.com/pod-product-compliance
Lightning Source LLC
Chambersburg PA
CBHW071406080526
44587CB00017B/3192